울산문화재연구원 학술총서 3

청동기시대 석기 생산 체계

황창한 지음

서경문화사

이 책은 박사학위논문을 정리한 것이다. 학부 때 경험했던 첫 발굴현장에서 반월형석도를 발굴해 낸 것을 계기로 석기에 관심을 두게 되었다. 석사과정은 부산대학교 지질학과에 진학하였고 여기에서 습득한 지식을 토대로 석기와 암석의 상관관계를 연구하면서 작성한 것이 학위논문의 주된 내용이다. 기존 청동기시대 석기에 대한 연구는 유물의 형식 또는 계통에 치우친 연구가 주를 이루었으나 필자의 연구는 이와는 궤를 달리하여 유물의 본질을 이루고 있는 석재에 초점을 두었다. 따라서 석재의 산지를 통해 교류에 대한 양상을 파악하려 하였고, 석재의 물리적 특성에 따른 제작기법의 변천을 통해 당시 사회의 기술적 변동요인에 대해 접근해 보려고 하였다. 내용에 비해 제목이 다소 거창한 느낌도 있지만 본 연구를 통해 한국청동기시대 석기연구에 조금이나마 일조할 수 있다면 다행이겠다.

이러한 성과가 있기까지 여러 선생님과 동학들의 도움이 있었다. 먼저 고고학과 인연이 시작된 것은 고고미술사학과 동기생 박진에 의해서다. 당시 미술사학을 전공하리라 마음먹었었지만 일찍 고고학을 시작한 친구를 통해 알게 된 발굴현장의 다양한 (특히 酒) 편의 제공을 뿌리치기에는 역부족이었다. 이때 천둥벌거숭이였던 필자를 제자로 받아 주셨던 분이 이희준 선생님이며 현장에서는 김두철, 손명조, 신종환, 한도식, 하진호, 차순철 선생님께 필드의 다양한 기술에 대해 자상함과 때론 물리적인 방법으로 큰 가르침을 받았다.

본격적인 고고학의 시작은 군복무를 마치고 복학한 후 안재호 선생님께 수학하게 되면서이다. 모든 면에서 귀감이 되어주신 선생님께 큰 학은을 입었지만 가르침에 비해 늘 부족한 제자여서 송구스러울 뿐이다. 석사과정에서 석기의 본질에 대한 연구를 해보고 싶다는 필자를 위해 제자로 받아주신 부산대학교 지질학과의 윤선 선생님의 은혜는 잊을 수가 없다. 그러나 필자의 무지와 안이하게 생각했던 지질학에 대한 대가로 17년 만에 석사학위를 마칠 수 있었다. 이때 신경철 선생님께서는 무사히 논문을 마칠 수 있도록 여러모로 애써 주셨다. 또한, 정징원 선생님은 전공은 다르나 항상 다정한 격려에 큰 힘이 되었다.

학위논문을 작성할 당시 지도교수 배진성 선생님을 비롯해 임상택, 이기성, 손준호, 이창희 선생님은 그나마 글꼴이 될 수 있도록 충고를 아끼지 않아 많은 도움이 되었다. 그리고 모든 논문을 작성할 때마다 시종일관 꼼꼼히 문맥을 살펴준 이재희 선생님께도 빚을 지고 있다. 직장에서 동고동락하면서 많은 동료들이 힘이 되었지만, 특히 동시대를 전공하는 이수홍, 김현식 선생님과 학문적 열의가 넘치는 평소의 토론은 항상 자극제가 되었다. 이 모든 분들께 감사드리며, 이외에도 직간접적으로 많은 도움을 주신 선생님들과 동학분들께 심심한 사의를 표한다.

지루한 연구생활에서 휴식이 없었다면 이러한 성과를 낼 수도 없었을 것이다. 나의 취미는 낚시인데 광활한 바다를 바라보며 때론 비바람에, 때론 작열하는 태양 아래 물고기와 씨름한다. 혹자는 고생을 사서 한다지만 그 고통처럼 느껴지는 것이 내게는 행복이다. 지금까지 항상 동출하여 의지가 되어준 十年知己 황희장에게도 감사를 전한다.

필자가 학업에 전념할 수 있었던 것은 무엇보다 무탈한 가족 있었기 때문이다. 항상 믿음으로 지지해주신 아버지와 어머니의 사랑에 감사드린다. 장남으로서 일찍이 시작된 객지 생활로 부모님께 늘 죄스럽지만 곁에 남아있는 석원, 선엽 두 동생이 있었기에 언제나 마음이 든든할 수 있었다. 또한, 인자하신 모습으로 격려해 주시는 장인·장모님과 곁에서 묵묵히 함께해준 사랑하는 아내 박은진과 아들 태웅에게 깊은 감사의 마음을 전한다.

이 책을 출판할 수 있도록 지원 해주신 양상현 울산문화재연구원장님을 비롯해 이사님들께 감사드리며, 흔쾌히 출판을 맡아주신 서경문화사 김선경 사장님을 비롯한 관계자 분들께 감사드린다.

I
머리말

한국고고학은 국토개발이 본격화된 1990년대 이후 비약적인 발전을 이룩했다. 구제발굴에 의한 유적 발굴조사가 활발해지면서 많은 자료가 축적되었기 때문이다. 과거에는 지방의 자그마한 발굴 현장에서도 많은 연구자들을 만날 수 있었던 자료 빈곤의 시대가 있었지만 현재는 오히려 연구자가 부족하게 느껴질 만큼 자료가 풍부한 실정이다. 이러한 자료를 토대로 질적 양적으로 가장 많은 성과와 연구자가 급증한 분야는 청동기시대라고 생각된다. 현재는 남한지역 전체에 광역으로 자료가 증가하였기 때문에 연구의 범위도 자연스럽게 소지역 단위로 집중되는 양상이다.

그동안 진행되어온 청동기시대의 연구주제 중에서 가장 많은 내용은 기원, 편년, 계통 등에 관한 것이었다. 이러한 연구들의 방법론은 상대연대결정법[1]에 따른 형식 분류가 주된 내용이었는데 대상 유물의 중심에는 토기가 있었으며, 이를 통해 청동기시대의 편년 틀이 마련되어 왔다.[2] 이 과정에서 다

---

1) 李熙濬, 1986, 「相對年代決定法의 綜合 考察」『嶺南考古學』2, 嶺南考古學會.
2) 한국청동기학회 편, 2013, 「한국 청동기시대 편년」『한국청동기학회 학술총서』2,

양한 시기 구분론이 등장하였으며 현재도 그에 대한 논의는 진행 중에 있다.

본고에서 다루고자 하는 청동기시대의 석기 연구는 1960년대부터 시작되었지만 2000년대 이전까지는 토기 편년의 보조적인 역할이었다 해도 과언이 아니다. 물론 개별적인 석기 연구도 병행되었으나 대부분 형식 분류를 통한 편년 연구가 주를 이루었다.[3] 그러다가 대략 2000년대에 접어들면서 석기 연구에 전환의 기미가 시작된 것으로 보인다. 이 시기부터 많은 연구자들이 배출되었고 기왕에 다루어졌던 유물들에 대한 재논의는 물론 연구 주제도 다양화되었다. 대표적으로 활성화된 연구방향은 사회구조 복원[4], 사용흔 분

서경문화사.

3) 有光敎一, 1959, 『朝鮮磨製石劍の硏究』, 京都大學文學部考古學叢書第二册.
    김양선, 1962, 「再考를 要하는 磨製石劍의 型式分類와 祖型考定의 問題」『古文化』 1, 韓國大學博物館協會.
    金載元·尹武炳, 1967, 『韓國支石墓硏究』, 國立博物館.
    김원룡, 1971, 「한국마제석검의기원」『백산학보』10, 백산학회.
    윤덕향, 1977, 「한반도 마제석검의 일고찰」, 서울대학교대학원 석사학위논문.
    김영하, 1979, 「마제석검의 조형에 관하여」『한국사연구』24, 한국사연구회.
    沈奉謹, 1989, 「日本 彌生文化 初期의 磨製石劍에 대한 硏究 -韓國 磨製石劍과 關聯하여-」『嶺南考古學』6, 嶺南考古學會.
    김창호, 1981, 「유병식석검 형식분류시론」『역사교육논집』, 역사교육학회.
    전영래, 1982, 「한국 마제석검·석촉 편년에 관한연구」『馬韓百濟文化』4, 圓光大學校 馬韓·百濟文化硏究所.
    安在晧, 1990, 『南韓 前期無文土器의 編年 -嶺南地方의 資料를 中心으로-』, 慶北大學校大學院 碩士學位論.
    李白圭, 1991, 「慶北大 박물관소장 마제석검·석촉」『嶺南考古學』9, 嶺南考古學會.
    김선우, 1994, 「한국 마제석검의 연구 현황」『韓國上古史學報』16, 韓國上古史學會.
    김구군, 1996, 「韓國式石劍의 硏究(1)」『湖巖美術館硏究論文集』1, 湖巖美術館.
    李榮文, 1997, 「全南地方 出土 磨製石劍에 관한 硏究」『韓國上古史學報』24, 韓國上古史學會.
    손준호, 2006, 「호서지역 마제석검의 변화상」『호서고고학』20, 호서고고학회.
4) 安在晧, 2006, 『靑銅器時代 聚落硏究』, 釜山大學校大學院 博士學位論文.
    배진성, 2007, 『무문토기문화의 성립과 계층사회』, 釜山大學校大學院 博士學位論文.
    李亨源, 2009, 『韓國 靑銅器時代의 聚落構造와 社會組織』, 忠南大學校大學院 博士學

석[5)], 제작기법[6)], 실험고고학[7)], 산지 추정[8)], 석기 생산[9)] 등이다. 이러한 연

位論文.

李秀鴻, 2012, 『靑銅器時代 檢丹里類型의 考古學的 硏究』, 釜山大學校大學院 博士學位論文.

平郡達哉, 2012, 『무덤資料로 본 南韓地域 靑銅器時代 社會 硏究』, 釜山大學校大學院 博士學位論文.

공민규, 2013, 『靑銅器時代 前期 錦江流域 聚落 硏究』, 숭실대학교대학원 박사학위논문.

羅建柱, 2013, 『靑銅器時代 前期 聚落의 成長과 松菊里類型 成立過程에 대한 硏究 －韓半島 中部地方資料를 中心으로－』, 忠南大學校大學院 博士學位論文.

허의행, 2013, 『호서지역 청동기시대 전기 취락 연구』, 高麗大學校大學院 博士學位論文.

박영구, 2015, 『동해안지역 청동기시대 취락 연구』, 嶺南大學校大學院 博士學位論文.

김현준, 2017, 『한강유역 청동기시대 취락 연구』, 한양대학교대학원 박사학위논문.

5) 孫晙鎬, 2003, 「半月形石刀의 製作 및 使用方法 硏究」 『湖西考古學』 8, 湖西考古學會.

6) 黃昌漢, 2004, 「無文土器時代 磨製石鏃의 製作技法 硏究」 『湖南考古學報』 20, 湖南考古學會.

7) 黃昌漢, 2009, 「靑銅器時代 石器 製作의 兩極技法 硏究」 『韓國上古史學報』 63, 韓國上古史學會.

8) 황창한, 2011, 「청동기시대 혼펠스제 마제석검의 산지추정」 『考古廣場』 9, 釜山考古學硏究會.

9) 高旻廷·Martin T. Bale, 2008, 「청동기시대 후기 수공업 생산과 사회 분화」 『韓國靑銅器學報』 2, 韓國靑銅器學會.

洪周希, 2009, 「북한강유역 청동기시대 취락의 전개와 석기제작시스템의 확립」 『韓國靑銅器學報』 5, 韓國靑銅器學會.

손준호, 2010, 「청동기시대 석기생산 체계에 대한 초보적 검토」 『湖南考古學報』 36, 湖南考古學會.

이인학, 2010, 『청동기시대 취락 내 석기 제작 양상 검토』, 고려대학교대학원 석사학위논문.

趙大衍·朴書賢, 2013, 「청동기시대 석기생산에 대한 일 고찰」 『湖西考古學』 28, 호서고고학회.

황창한, 2013, 「대구지역 청동기시대 석기생산 시스템 연구」 『嶺南考古學』 67, 嶺南考古學會.

구 조류의 변화는 그동안 형식학적 방법론에 근거하여 진행되어 온 지루한 연구방법에서 탈피하게 되었고 결과적으로 석기 연구의 흥미를 촉발시켰다고 평가된다.

자연계의 물질들 중에서 암석은 인류가 최초로 도구의 기능성을 인지한 후 오랜 기간 동안 사용해 왔다. 석기란 이 암석에 인위적인 물리력을 가하여 제작된 가공품의 총칭이다. 선사시대를 구석기, 신석기, 청동기시대라 구분 짓는 획기도 암석을 다루는 기술사적 변화가 인간사에서 어느 정도 중요한가를 반영한 것이다. 역사학에서는 석기시대 이후 다양한 시대명으로 부르고 있지만 엄밀히 말해서 석기시대는 현재 진행형이라고 할 수 있다. 그것은 현대 문명에서도 재료의 근간이 되는 모든 물질이 대부분 암석으로부터 추출되기 때문이다. 즉 암석의 사용과 가공기술의 변화는 곧 인류 역사의 발전인 것이다. 따라서 선사시대 석기에 대한 연구 목적은 유물의 개별적 이해를 목적으로 하는 것이 아니라 최종적으로 당시의 사회구조를 파악하는 데 있다.

구석기시대를 지나고 신석기시대를 거쳐 청동기시대에 이르기까지 다양한 기종의 석기가 등장하고 사라지며, 제작기술도 변화한다. 주지하다시피 구석기시대에는 수 만년 동안 석재를 가공하여 도구를 생산하면서 타제석기 제작기술이 정점에 이르렀으며[10] 이에 대한 다양한 연구가 진행되어 왔다. 이후 신석기시대에 접어들면서 본격적으로 적용된 마제기법은 도구의 정형화를 이루게 된 것은 물론 선사시대의 시대명을 전환할 정도로 획기적인 기법임에도 석기 제작기술의 연구주제로서는 그다지 주목받지 못하였다. 이러한 상황은 청동기시대의 유물에도 이어진다. 그 이유는 구석기시대의 유물은 각종 타격기법이 잘 남아있어 이에 대한 연구주제가 다양하지만 마연으로 완성된

---

10) 장용준, 2002, 「韓半島 細石核의 編年」『韓國考古學報』 48, 韓國考古學會.
구석기시대는 석인석기 제작위주로 발달하였고, 신석기~청동기시대는 정형화된 석기 위주로 발달 하였기 때문에 전반적인 타제기술의 퇴화가 아니라 석인 제작기법의 퇴화로 보고 싶다.

석제품은 마연기법 외에 별다른 제작 양상을 확인할 수 없기 때문이다. 따라서 자연스럽게 제작기법에 대한 흥미가 감소된 결과로 생각된다. 이렇게 제작기법에 대한 연구가 감소하면서 석기의 본질을 이루고 있는 석재도 관심의 대상에서 멀어지게 되었다. 물론 신석기시대의 흑요석이나, 청동기시대의 옥 등 특이한 석제품에 대해서는 부분적으로 산지 추정에 대한 논의가 있었지만 전반적으로는 미진하다고 볼 수 있다.

본고의 연구 목적은 이와 같이 청동기시대 마제석기의 연구에서 다소 부족하거나 초보적인 단계에 있는 산지 추정, 제작기법, 실험고고학, 생산체계 등의 분야에 대한 검토이다. 이러한 연구주제의 범위는 한반도 또는 남한지역 전체를 대상으로 진행하는 것은 너무 포괄적이어서 영남지역을 중심으로 하고 기타 지역은 참고자료로 활용토록 하겠다. 또한 본고의 청동기시대 편년은 조기, 전기, 후기로 구분한 안을 수용하도록 하겠다.[11]

1. 연구현황

청동기시대 전반에 대한 연구성과와 석기 연구에 대해서는 그동안 여러 연구자에 의해 정리된 바 있다.[12] 따라서 본고에서 주로 검토하려고 하는 산지 추정, 제작, 생산 체계를 중심으로 살펴보도록 하겠다.

먼저 석기의 석재 연구 목적과 방법론에 대해 일본 오사카 평야의 석기를 검토하여 방향성을 제시한 것은 이기성에 의해서이다.[13] 이에 따르면 석기의 석재 연구 목적은 석기의 종류에 따른 석재의 선택성을 확인하는 것과 석재

---

11) 安在晧, 2006, 『靑銅器時代 聚落硏究』, 釜山大學校大學院 博士學位論文.
12) 손준호, 2013, 「청동기시대 석기 연구의 최신동향」 『숭실사학』 31, 숭실사학회. 전반적인 석기 연구의 동향에 대해서는 상기의 논고가 참조된다.
13) 이기성, 2006, 「석기 석재의 선택적 사용과 유통」 『호서고고학』 15, 호서고고학회.

의 유통과 그와 관련된 문화권의 파악이며[14], 원산지를 파악하기 어려운 토기에 비해, 산지가 확인된 석재의 분포 범위는 그 자체로 석재의 이동을 보여주는 것으로, 과거 사회의 물자 유통 양상을 이해하는 중요한 정보를 제공한다고 하였다.

이와 같이 석재의 산지에 대한 연구는 당시 사회의 교류 등에 관한 제 연구를 진행할 수 있는 중요한 분야임에도 불구하고 연구성과는 초보적인 단계에 머무르고 있는 실정이다. 연구가 진전되지 못한 결정적인 이유는 석재의 분석이 이루어지지 않거나 상당 부분 고고학자의 경험에 의해 석재명이 보고되는 등 연구에 걸림돌이 되는 경우가 많았기 때문이다. 최근 들어 이러한 상황을 인식한 연구자들이 석재에 대한 분석을 실시하고 산지 추정 결과를 보고서에 수록하기도 한다.[15] 이러한 기초자료의 제공은 석기 연구자로서 환영할 일이지만 아직까지는 신뢰도에 문제가 있다고 판단된다. 그 이유는 대부분의 석기 감정은 육안분석 의존율이 높고 자연과학적 분석은 거의 이루어지지 않고 있기 때문이다. 물론 모든 석기를 분석한다는 것은 시간, 비용은 물론 파괴 분석에 따르는 유물의 훼손 등 여러 가지 제약이 따르기 때문에 거의 불가능하다. 이러한 현실적인 문제점을 지적하고 석기의 석재와 동일한 암석을 분석하여 암석명과 산지를 추정하는 대체방안이 제시되기도 하였다.[16]

다음은 석기제작 및 실험고고학 분야야다. 석기의 제작과 관련된 논고는 대부분 완성품을 추정할 수 있는 미완성품의 검토를 통해 이루어졌다.[17] 이

---

14) 柴田徹, 1982, 「石材鑑定と産地推定」『多摩ニュータウン遺跡 昭和 56年度(第 5分冊)』, 東京都埋藏文化財センター調査報告 第2集.

15) 손준호, 2010, 「청동기시대 석기생산 체계에 대한 초보적 검토」『湖南考古學報』 36, 湖南考古學會.
유적 발굴조사 보고서에 수록된 석재의 산지추정 결과를 정리한 바 있다.

16) 황창한, 2007, 「岩石의 分析方法과 考古學的 適用」『東亞文化』 2·3, 東亞文化財研究院.

17) 尹容鎭, 1969, 「琴湖江流域의 先史遺蹟研究(Ⅰ)」『古文化』 5·6, 韓國大學博物館協會.

러한 연구는 제작 과정에 있는 각 단계의 미완성 석기를 나열하여 제작공정을 검토하는 수준이었으며, 유물에 적용된 제작기법에 대한 구체적인 연구사례는 드물다. 제작기법의 복원에 대한 연구는 실험고고학적 시도가 필수적이라고 생각된다. 한국청동기학회 석기분과에서는 실험고고학을 통해 반월형석도, 석부 등의 제작을 실시하였으며 여기에서 확인된 성과가 논고로 발표되기도 하였다.[18]

마지막으로 석기 생산 체계에 대한 연구도 시작단계이나 상기한 분야에 비해 상대적으로 성과가 축적되고 있다.[19]

李榮文·金京七·曺根佑, 1996, 「新安 伏龍里 出土 石器類」『碩晤尹容鎭敎授停年退任紀念論叢』.

朴埈範, 1998, 『한강유역 출토 돌화살촉에 대한 연구』, 弘益大學校教育大學院 碩士學位論文.

孫晙鎬, 2003, 「半月形石刀의 製作 및 使用方法 硏究」『湖西考古學』8, 湖西考古學會.

黃昌漢, 2004, 「無文土器時代 磨製石鏃의 製作技法 硏究」『湖南考古學報』20, 湖南考古學會.

黃昌漢·金賢植, 2006, 「船形石器에 대한 考察」『石軒鄭澄元敎授停年退任記念論叢』, 釜山考古學研究會論叢刊行委員會.

18) 黃昌漢, 2004, 「無文土器時代 磨製石鏃의 製作技法 硏究」『湖南考古學報』20, 湖南考古學會.

19) 이인학, 2010, 『청동기시대 취락 내 석기제작 양상 검토』, 고려대학교대학원 석사학위논문.

손준호, 2010, 「청동기시대 석기생산 체계에 대한 초보적 검토」『湖南考古學報』36, 湖南考古學會.

趙大衍·朴書賢, 2013, 「청동기시대 석기생산에 대한 일 고찰」『湖西考古學』28, 호서고고학회.

황창한, 2013, 「대구지역 청동기시대 석기생산 시스템 연구」『嶺南考古學』67, 嶺南考古學會.

洪周希, 2009, 「북한강유역 청동기시대 취락의 전개와 석기제작시스템의 확립」『韓國靑銅器學報』5, 韓國靑銅器學會.

高旻廷·Martin T. Bale, 2008, 「청동기시대 후기 수공업 생산과 사회 분화」『韓國靑銅器學報』2, 韓國靑銅器學會.

석기 생산 체계에 대한 연구가 가장 먼저 진행된 유물은 옥제품이다.[20) 옥 생산과 관련된 유적은 진주 남강유역의 발굴조사에서 확인되었으며, 이를 토대로 취락 내의 분업체제를 설정하였다. 이러한 연구성과는 그 특수성이 인정되는 옥을 토대로 진행되어 제작과 유통에 관한 문제를 가시적으로 뚜렷하게 볼 수 있다는 점에서 중요하다. 토기의 경우는 형태가 동일한 것이라도 제작지가 같다고 판정할 수 없는 반면 옥제품은 석재 자체가 생산지를 특정할 수 있을 정도로 특수하기 때문이다. 아무튼 옥제품을 통한 생산 체계에 대한 연구는 그 자체로도 의미가 있지만 다른 석기의 제작과 유통에 관한 모델을 짐작해 볼 수 있기 때문에 학사적으로도 의미가 있다. 그러나 생산지에 대한 연구에 비해 옥 원석의 채취 장소 및 방법 등에 대한 연구는 미진하므로 앞으로 해결해야 할 부분으로 남아있다.[21)

고민정·Martin T. Bale[22)은 청동기시대 후기 후반경에 사회분화와 위세품의 소비 등에서 네트워크 형태를 반영하는 패턴들이 나타나기 시작했는데, 대형 마제석검의 출현과 함께 옥장신구, 비파형동검 등의 위세품이 장거리 교환이 이루어진 것으로 보았다. 또한 옥이나 마제석검의 생산에 반전업적 전문 공인 집단을 상정하였으며, 옥제품의 산지는 확인되지 않았으나 제작지 근처로 비정하였고 마제석검의 생산 중심지는 특정하지 못하였다. 유물을 토대로 이론적인 틀을 제시한 점은 인정되나 생산지와 산지에 대한 구체

---

20) 庄田愼矢, 2007, 『南韓 靑銅器時代의 生産活動과 社會』, 忠南大學校大學院 博士學位論文.

21) 옥 원석의 채취 장소가 확인되지 않는 원인에 대해 사족을 붙인다면, 옥맥이 매우 협소하기 때문에 쉽게 노출되지 않는 특정한 곳에 위치하고 있을 가능성이 높기 때문이다. 또한 부가가치가 높았을 것으로 예상되는 옥 산출지에 대한 정보는 채취를 전문으로 하는 집단 또는 집단 내에서도 소수에 의해 독점 되었을 가능성도 고려되어야 한다.

22) 高旻廷·Martin T. Bale, 2008, 「청동기시대 후기 수공업 생산과 사회 분화」 『韓國靑銅器學報』 2, 韓國靑銅器學會.

적인 장소를 특정하지 못한 점은 아쉽다.

이인학[23]은 호서지역과 영서지역의 유적 중에서 석기가 100점 이상 출토된 유적을 대상으로 취락 내 석기 제작 양상을 검토하였다. 그는 석기 제작과 관련한 가공구의 출토 유무와 유구 내 석기 제작 흔적의 잔존 여부 등을 근거로 취락 내 석기제작 양상이 시기별로 어떻게 변화하였는가를 살폈다. 석기 생산과 관련한 주거지에 대한 판별은 제작 관련 흔적이 남아있는 경우, 석기 가공구와 미제품이 세트 관계를 이루어 출토되는 경우, 석기 가공구는 출토되지 않고 석기 부산물이나 미제품 등만 확인되는 경우로 설정하였다. 반면 지석의 경우는 마제석기를 완성하는 가장 중요한 도구임에도 불구하고 단독으로 출토된 경우에는 간단한 석기의 수리나 재가공의 가능성이 높을 것으로 판단하여 석기 생산 주거지의 기준으로 삼지 않았다. 석기의 제작 양상은 구릉과 충적지가 각각 다르게 확인되며, 다른 취락으로 공급할 정도의 석기 제작 취락이 확인된다고 하였다. 미완성품을 제작 공정별로 분류하고 단계별 분포 상황을 분석한 내용은 신선하지만 분석 대상 유적이 소수여서 일반화하는데 문제점으로 남는다.

손준호[24]는 석기 생산과 관련된 발굴자료를 중심으로 원재료의 채취부터 취락 내 제작과정, 취락 간 제작 양상의 차이를 살펴봄으로써, 청동기시대 석기 제작 체계의 종합적인 복원을 시도하였다. 분석대상 취락은 비교적 대단위 취락 가운데, 석기 제작과 관련된 시설이 조사되거나 가공도구, 부산물, 미제품 등이 다수 확인된 것으로 한정하였다. 분석의 구체적인 방법은 이인학의 연구를 토대로 석기 제작 부산물인 박편을 주목하여 순수 박편이 5점 이상 출토되었을 경우와, 지석이 단독으로 출토되는 경우에도 비교적 거친

23) 이인학, 2010, 『청동기시대 취락 내 석기 제작 양상 검토』, 고려대학교대학원 석사학위논문.
24) 손준호, 2010, 「청동기시대 석기생산 체계에 대한 초보적 검토」『湖南考古學報』 36, 湖南考古學會.

입자의 지석이 확인되는 경우를 포함하는 등 기준을 확대하여 검토대상에 포함시켰다. 검토 결과로써 전기에는 취락 내 소비를 목적으로 생산이 이루어지며, 일부 다른 취락과의 교역을 위한 생산 유적의 존재를 상정하였다. 후기에는 소수의 자가소비 취락이 존재하지만, 대부분의 검토 대상 유적에서 취락 내 소비량을 넘어서는 생산, 즉 교역을 목적으로 하는 생산이 확인되며 이러한 유적들을 석기제작 전문취락이라 설정하고 그 성격에 대해 어느 정도의 반전업적 전문 제작집단으로 상정하였다. 석기 생산에서 어느 정도를 넘어서면 취락 내의 소비량을 넘어서는 것인지, 반전업적 전문 제작집단의 기준은 무엇인지 등 어쩔 수 없는 기준의 모호함이 문제점으로 지적될 수 있으나 석기 생산 체계에 대한 연구의 틀을 마련하고 시도한 점에서 의의가 크다.

홍주희[25]는 북한강 유역 청동기시대 취락의 석기제작 시스템 확립에 관한 검토를 실시하였다. 그는 청동기시대 전기 중·후엽 주거지의 내부구조 변화와 공방지의 출현이 석기의 제작과 밀접한 관련이 있음을 확인하였다. 석재는 산지로부터 입수하여 보관·선별·분할·분배는 공방지에서 공동작업을 통하고, 분배된 석재를 선택적으로 이용하는 석기의 세부 제작공정은 개별 주거지에서 행해지는 석기제작 시스템의 확립 과정을 제시하였다. 즉 석기제작 시스템의 확립은 취락 내 독립적인 공방지의 출현과 관련이 깊으며, 전문 생산체계로의 발전과정에서 과도기로서 농경 위주보다는 다양한 생계활동을 기반으로 삼아 계급사회로 이행되는 과정으로 이해하였다. 유적을 검토하여 공방지를 설정한 것과 이를 근거로 한 석기제작 시스템에 대한 접근은 신선하다. 다만 공방으로서 제시한 이색점토구역이 과연 석기제작과 관련한 공방으로서 어떤 관계가 있는 시설인지 혹시 방습 등 취락의 구조와 더욱 관련이 높은 것은 아닌지 의문이며, 석재의 공동관리와 분배 등에 관한 견해도 어느 정도 객관성을 담보할 수 있는지가 관건이다.

---

25) 洪周希, 2009,「북한강유역 청동기시대 취락의 전개와 석기제작시스템의 확립」『韓國靑銅器學報』5, 韓國靑銅器學會.

張龍俊・平郡達哉[26)]는 유절병식 마제석검의 검토를 통해 매장 의례의 공유를 검토하였는데 석검의 형태적 유사성을 들어 숙련된 제작자, 기술적인 표준이나 설계도가 없다면 불가능하다고 판단하고 일부 유물의 경우는 실제 동일한 사람이 제작해서 유통시켰음을 확신하고 있다. 즉 유절병식석검은 석기 자체를 거점지역에서 제작한 후 유통시키는 방향으로 변화함을 추정하고, 석검의 제작활동이나 공인의 이동이 사회 내부의 통제 혹은 관리를 받고 있음을 암시한다고 하였다. 석검의 제작지에 대해서는 제작을 직접적으로 보여줄 수 있는 유구의 부재로 인해 구체적인 지역을 설정하는 것은 유보적인 입장이며, 제작장과 같은 흔적이 확인되지 않는 이유에 대해 취락이나 분묘와는 유리된 지역에 작업장을 설정하거나, 의례로서 중요한 유물에 대한 부정을 막기 위한 특별한 공간의 사용 가능성, 완제품을 다른 지역에서 입수할 가능성 등을 제기하였다. 이와 같이 석검의 제작지 또는 석재의 산지에 대해서는 구체적으로 논의되지 않았으나 유절병식석검에 대한 형태적 접근을 통해 제작자의 동일성 등을 추정한 것은 탁견이다.

　황창한[27)]은 유절병식석검 연구를 토대로 석검 재질의 특수성에 착안하여 제작지를 구체화 하였다. 먼저 이단병식석검의 석재는 이암, 편암 등 각지에서 석재를 조달하여 집단 내에서 자체적으로 제작되지만, 유절병식석검부터는 재질이 혼펠스 일색으로 변화한다는 점을 확인하여 제작지가 석재의 산지와 밀접한 관련이 있을 것으로 파악하였다. 이러한 혼펠스는 경상분지 내에 폭넓게 분포하지만 그중에서도 석검을 제작할 수 있는 혼펠스 석재는 현재까지 고령의 의봉산에서 산출되는 석재가 유일한 것으로 보았다. 또한 석검 제작과 관련된 유적으로서 고령 의봉산 일대에서 확인된 봉평리 575-1유적,

26) 張龍俊・平郡達哉, 2009, 「有節柄式 石劍으로 본 無文土器時代 埋葬儀禮의 共有」 『한국고고학보』 72, 한국고고학회.
27) 황창한, 2011, 「청동기시대 혼펠스제 마제석검의 산지추정」 『考古廣場』 9, 釜山考古學研究會.

대흥리 유적 등에서 확인된 대규모 석기제작장을 근거로 제시하였다. 결론으로서 유절병식석검의 제작은 고령과 대구를 중심으로 이루어졌으며 이곳을 중심으로 유통되었을 것으로 보았다.

조대연·박서현[28]은 중부지역 취락 출토 자료를 중심으로 청동기시대 석기 생산에 대한 고찰을 시도하였다. 석기 생산 주거지의 존재 여부에 대한 판단에는 이인학, 손준호 등의 선행연구보다 더 엄격한 기준을 적용한다고 하였다. 그가 제시한 기준은 취락 내 석기 생산 주거지의 유물상을 일반주거지의 유물상과 비교·분석하는 방법을 택하고, 특정 석기 기종의 집중적 생산이 확인될 경우 이를 생산전문화의 지표로서 삼았다. 또한 홍주희가 제시한 이색점토구역이 있는 주거지의 경우도 이색점토구역과 작업공이 동시에 확인된 경우로 한정하였다. 석기 생산 주거지의 기준을 새롭게 제시한 점이 흥미롭다. 분석 결과를 보면 석기 생산 빈도가 후기에 높아지지 않아 석기 생산 전문취락의 등장에 대한 기존의 견해에 대해 재고할 필요가 있다고 하였다. 반면 각 유적별로 전문적으로 생산되는 기종이 등장함으로써 석기 생산 전문화의 징후가 이미 전기에 시작되었다고 하였다. 미완성품이 아닌 완제품의 집중화로 석기제작과 관련된 사항을 논한 점은 문제점으로 생각된다.

이상과 같이 석기 생산에 관한 연구에서 가장 큰 문제점은 석기 생산과 관련한 취락 또는 주거지의 설정 기준이 모호하다는 것이다. 물론 기본적인 안에 대해서는 공감대가 형성되어 있지만 연구자에 따라 분류 안이 다르게 제시되는 것은 기존에 문제점으로 제시된 바와 같이 취락 내에서 석기 제작과 관련된 뚜렷한 유구가 확인된 사례가 많지 않다는 점과 취락 내에서 석기 자료의 밀집도가 두드러지게 나타나는 사례가 없기 때문이다.[29] 또한 석검과

---

28) 趙大衍·朴書賢, 2013, 「청동기시대 석기생산에 대한 일 고찰」『湖西考古學』 28, 호서고고학회.

29) 손준호, 2010, 「청동기시대 석기생산 체계에 대한 초보적 검토」『湖南考古學報』 36, 湖南考古學會.

같이 특수성이 인정되는 석기를 제외한 다른 기종의 사례를 통해 석기 생산의 전문 집단 또는 전업집단 등에 관해 논의되고 있지만 과연 어느 정도의 범위를 넘어서면 자가소비 단계를 넘어서는 것인지도 불분명하기 때문에 분석 기준에 따라 결과도 전혀 다르게 해석될 수 있을 것이다. 따라서 석기 생산과 관련한 연구는 기본적으로 자료의 한계와 기준의 모호함이 가장 큰 문제점으로 지적될 수 있다. 결국 석기 생산 체계에 대한 연구는 이러한 문제점을 어느 정도 객관적으로 타당성 있게 설명할 수 있는 근거를 제시하는 것이다.

2. 연구방향

선학들의 연구성과를 통해 문제점을 도출하고 필자의 연구방향을 제시하는 것도 좋겠지만 연구현황을 살펴본 바와 같이 석기 석재의 산지, 제작, 생산 체계에 대한 연구는 이제 시작 단계이다. 따라서 필자는 이러한 연구성과에 대한 비판보다는 최대한 성과와 방법론을 수용하고자 한다.

연구 주제에서 산지와 제작에 대한 부분은 그동안 필자가 주력한 분야로 구고에 대한 문제점을 수정 보완하고 생산 체계에 대한 부분은 남한지역의 청동기시대 전체를 다루는 것은 아직 한계가 있으므로 사례연구를 통해 살펴보도록 하겠다.

Ⅱ장에서는 암석의 특성과 석재의 선택에 대해 검토한다. 먼저 지질학적으로 암석의 물리적 특성에 대해 살펴보고 그 특성에 따라 제작될 수 있는 유물에 대해 간략히 살펴보도록 하겠다. 다음은 각 지역별로 석기의 석재를 검토하고 석기의 기종과 암석의 특성 사이에 어떠한 상관관계가 있는지 살펴보겠다. 이를 확인하는 방법으로서 지질적으로 차이가 있는 지역권을 설정하여 동일한 기종의 석기를 비교하였다. 이를 통해 석재의 선택이 어떻게 이루어졌는가를 알 수 있을 것이며, 자연스럽게 근거리 석재와 원거리 석재가 드러날 것이다.

Ⅲ장에서는 석기 석재의 산지 추정을 실시하였다. 산지 추정 대상 유물은 Ⅱ장의 분석을 통해 원거리 석재로 확인된 울산지역의 변성암류 합인석부와 필자가 암석 동정을 실시하고 원거리 석재를 확인한 강화도 정장리 유적 출토 활석, 편암제유물로 하였다. 이를 통해 원거리 석재로 제작된 유물이 유적으로 유입된 배경에 대해서 검토하겠다. 그리고 원거리 석재는 아니지만 마제석검 중에서 혼펠스로 제작된 것이 청동기시대 후기에 본격적으로 등장한다. 영남지역에 주로 분포하는 혼펠스 산지 중에서 석검을 제작할 수 있는 산지를 추정하고자 한다. 이런 특수한 성격의 유물에 대한 산지를 확인할 수 있다면 청동기시대의 연구에 중요한 자료를 제공할 것으로 기대된다.

Ⅳ장에서는 석촉, 석검 등 미완성 석기의 검토를 통해 제작 체계의 변화를 검토하였다. 청동기시대의 마제석기를 제작하는 과정에는 효과적인 타격기법이 적용되었을 가능성이 높다. 즉 마제석기에는 형태를 정교하게 성형할 수 있는 타격 기술이 적용되었을 가능성이 크므로 마제석기를 정확히 이해하려면 제작과정에 적용된 타격기법을 복원하는 것이 중요하다. 실험고고학으로 이러한 제작기법의 일부를 복원하였다. 실험 결과에 의하면 양극기법이 매우 유용한 방법임을 확인하게 되었으므로 이 기법의 효율성과 의미에 대해 검토하였다.

Ⅴ장에서는 취락의 석기 생산 체계에 대하여 검토하였다. 앞서 살펴본 바와 같이 석기 생산체계 연구는 아직 초보적인 수준이기 때문에 청동기시대 전반을 대상으로 하기에는 다소 시기상조이다. 따라서 지역권을 설정하여 검토하는 것이 효과적이라고 생각된다. 검토대상 지역은 유적조사가 다수 이루어져 많은 자료가 축적되고 지리적으로도 지역권을 설정할 수 있는 대구권으로 하였다. 이를 통해 한 지역 내에서 석기 생산 체계가 어떻게 변화하는지에 대한 양상을 파악해 보려 한다.

II
암석의 특성과 석재의 선택

인류는 수 만년 동안 암석을 가공하여 석기를 제작하면서 자연스럽게 석재의 물리적 특성을 습득하게 되었고 이를 도구 생산에 반영하였을 것이다. 따라서 석기의 연구에서 원재료인 암석의 물리적 특성을 살펴보는 것은 석재의 선택 및 석기의 기능적 특징을 이해하는데 도움이 될 것이다. 그러나 필자가 경험한 바에 의하면 지질학의 범주에서 암석학적으로 이해될 만큼의 고차원적인 내용은 오히려 혼란만 가중될 뿐이므로 고고학에서 필요한 정도의 내용에 대해서만 간단히 살펴보도록 하겠다.[30] 이를 토대로 유물을 분석하여 석재의 특성과 석기의 기종별 상관관계를 검토하고 분석 자료는 산지 추정에도 활용하겠다.

---

30) 황창한, 2007, 「巖石의 分析方法과 考古學的 適用」『東亞文化』 2·3, 東亞細亞文化財研究院.
  황창한, 2012, 『변성암류로 구성된 울산지역 청동기시대 석기의 산지연구』, 부산대학교대학원 석사학위논문.

1. 암석의 특성과 석기

광물은 암석을 구성하는 기본 단위로서 지금까지 알려진 종류는 약 3,500 가지나 된다. 그러나 지구 표면에 분포된 광물은 300여 종류에 지나지 않고, 특히 대부분의 암석을 구성하는 석영·장석·운모 등 주요 造巖鑛物은 30여 종류에 불과하다. 지구 표면을 이루는 광물 가운데 장석이 50%가 넘으며, 휘석·각섬석·석영·운모가 약 40%를 차지한다.[31]

암석이란 1종 또는 그 이상의 광물이나 유기물이 자연의 작용으로 모여서 응집된 형태의 집합체를 만든 것이다. 이러한 덩어리나 집합체는 경도와 고결에 무관하다. 그러므로 지구상에 있는 모든 물질의 집합체 중 인공적이 아닌 것은 모두 암석이라고 생각할 수 있다.[32] 암석은 그 成因에 따라 火成巖, 堆積巖, 變成巖으로 분류된다. 성인에 따라 암석의 구조적 성격이 결정되므로 암석을 이해하는데 가장 기본이 된다.

암석의 구조적 성격은 석기의 기능과도 매우 밀접한 관련성이 있으므로 이에 대해서 살펴보도록 하겠다.

가. 화성암

화성암은 지하의 용융물질인 마그마가 지표 또는 지하에서 냉각 고결되어 형성된 암석으로 조직과 화학성분에 의해 분류된다. 먼저 조직에 의한 분류는 마그마가 냉각되는 위치에 따라 냉각 속도가 다르기 때문에 암석의 조직이 달라지며 화산암, 반심성암, 심성암으로 분류한다. 화산암은 마그마가 지

---

31) 鄭昌熙, 1994, 『地質學槪論』, 博英社.
　　윤선·장두곤, 1994, 『부산의 지사(地史)와 경관』, 부산라이프신문사.
　　양승영, 1998, 『지질학사전』, 과학연구사.
32) 예를 들면 냇가나 강바닥의 사력, 토양, 토탄, 석탄, 얼음, 눈도 암석으로 취급될 수 있다.

표로 분출하여 급히 식어서 굳어진 암석으로 결정의 크기가 작다. 반심성암은 마그마가 비교적 지하 얕은 곳에서 식어 굳어진 암석으로 세립질 조직이나 반상 조직을 나타낸다. 심성암은 마그마가 지하 깊은 곳에서 서서히 식어 굳어진 암석으로 결정을 만들 시간이 많기 때문에 결정의 크기가 큰 조립질 조직을 나타낸다.

화학성분에 의한 분류는 SiO_2의 함량에 의하여 산성암(SiO_2 66% 이상), 중성암(SiO_2 52~66%), 염기성암(45~52%)으로 분류된다. 산성암의 구성광물은 석영과 알카리 장석으로 대표되며, 중성암은 석영은 거의 함유되지 않고 안데신에 해당하는 칼크~알카리 장석(사장석)으로 대표된다. 염기성암은 석영은 포함되지 않고 라브라도라이트~바이토나이트에 해당하는 칼크~알카리 장석(사장석)으로 대표된다.[33]

[표 Ⅱ-1] 화성암의 간이 분류표

산성암 (SiO_2 66% 이상)			중성암 (SiO_2 52~66%)		염기성암 (SiO_2 45~52%)
심성암	화강암	화강섬록암	섬록암	섬장암	반려암
화산암	유문암	석영안산암	안산암	조면암	현무암
비고 - 심성암 : 완정질 조직, 화산암 : 유리질 조직, 반정질 조직					

유물에서 주로 확인되는 화성암에는 화강암, 유문암, 안산암 등이 있다. 화강암과 유문암의 기본 조암광물은 석영, 장석, 운모로 동일하지만 입자에서 큰 차이를 보인다. 화강암은 입자를 육안으로 구분 가능하지만 유문암은 구분할 수 없다. 화강암과 유문암은 모두 지석 및 연석류를 제작하는데 사용된다. 화강암은 주로 곡물류의 제분에 사용되는 갈판, 갈돌 등에 이용되며, 유문암은 석촉, 석검 등 마제석기의 최종 마연단계에 사용된다. 이외에 유문

33) 김용준, 2000, 『화성암석학』, 전남대학교출판부.

암은 석도류, 방추차 등을 제작할 때도 사용된다. 안산암은 等方性組織[34]으로서 제작자가 의도한 석기를 제작하기에 적합한 암석중 하나이다. 편리가 발달하지 않고 견고한 내구성으로 인해 두께가 얇은 석기류의 제작에는 부적합하며 주로 두께가 두꺼운 합인석부의 제작에 사용된다.

나. 퇴적암

퇴적암은 기존의 암석이 풍화작용과 침식작용을 받고 부서지거나 녹아내린 것이 다른 곳으로 운반, 퇴적되어 이루어진 것이다. 퇴적암의 종류는 일반적으로 퇴적물의 기원과 종류에 따라 쇄설성 퇴적암, 화학적 퇴적암, 유기적 퇴적암으로 구분된다. 쇄설성 퇴적암은 지표의 암석이 풍화·침식되어 생긴 암석 조각이나 화산 분출물이 쌓여 형성된 퇴적암이다. 대표 암석으로 역암, 사암, 셰일, 이암, 응회암 등이 있다. 화학적 퇴적암은 석회질이나 규질 등의 물질이 화학적으로 침전되거나 증발로 인해 물에 용해된 성분이 남아서 형성된 퇴적암이다. 특히 해수의 증발이 활발한 지역에서는 해수 속의 염 물질이 포화되고 침전되어 형성된 퇴적암을 증발암이라고 한다. 가장 흔한 화학적 퇴적암으로 암염($NaCl$), 석고($CaSO_4$), 석회암($CaCO_3$), 처트(SiO_2) 등이 있다. 처트는 미세한 석영 결정들로 구성된 매우 치밀한 퇴적암으로 단단하다. 유기적 퇴적암은 생물의 유해나 생물 기원의 퇴적물이 쌓여서 형성된 퇴적암이다. 대부분 조개, 산호, 동물 뼈 등의 유해 성분인 탄산칼슘($CaCO_3$)이 다량 포함된 생물 기원의 퇴적물이 속성작용을 받아 생성된 퇴적암으로, 순수한 것은 흰색을 띠며, 방해석(calcite)의 함량이 매우 높다. 생물의 유해가 잘 보존되어 있는 석회암은 지질시대를 규명 짓거나 그 당시의 퇴적환경과 생물

---

34) 조직이 특정한 방향성을 보이지 않고 모든 방향으로 동일한 것이다. 이러한 조직은 제작자가 의도한 방향으로 박리가 가능하므로 타격조정에 의한 성형에 유리하다.

계를 지시하는 중요한 자료로 활용된다. 대표 암석은 석탄이다.[35]

　유물에서 주로 확인되는 퇴적암은 주로 쇄설성퇴적암류인데 수성쇄설성퇴적암인 砂岩, 泥岩과 화성쇄설성퇴적암인 凝灰岩이 있다. 사암은 주로 입자의 크기에 따라 다양한 마연작업에 지석으로 사용되며 세립질사암은 반월형석도 및 방추차의 제작에 사용된다. 이암은 흑색 또는 자색으로 산출되는데 층리에 의해 판상으로 박리가 용이해 석검, 석촉, 석도류 등 두께가 얇은 유물에 사용된다. 화성쇄설성퇴적암인 응회암은 기원암에 따라 유문암질응회암, 안산암질응회암 등 다양하게 산출되는데 유문암질응회암은 입자가 곱기 때문에 지석, 연석에 주로 사용되며 안산암질응회암은 합인석부의 제작에 사용된다.

다. 변성암

　변성암은 화성암 또는 퇴적암이 지하 깊은 곳에서 생성 당시와 다른 온도 및 압력 조건에 놓이게 되면 암석은 고체 상태를 유지하면서 암석을 이루고 있는 광물과 조직에 변화를 일으켜 새로운 암석으로 변화한다. 이러한 과정을 변성 작용이라 하며 그 결과 만들어진 암석을 변성암이라고 한다. 변성작용은 파쇄작용, 광역변성작용, 접촉변성작용으로 구분된다. 이중에서 接觸變成作用은 화성암 관입체와 접하고 있는 암체에서 열에 의하여 일어나는데 이 때 압력은 靜壓이다. 접촉변성작용을 받은 암석을 일반적으로 혼펠스(hornfels)라고 한다. 변성암의 구조는 압력의 방향과 관계있는 평행구조가 생겨난다. 이런 구조에는 쪼개짐, 편리, 편마구조, 선구조 등이 있다.[36]

　유물에서 흔히 볼 수 있는 변성암으로서 대표적인 것이 영남지역의 혼펠스이며 호서, 서부경남, 강원지역 등에서는 편암, 편마암 등이 주로 분포한다.

---

35) 李容鎰, 1994,『堆積巖石學』, 도서출판祐成.
36) 안건상·오창환 역, 2000,『변성암석학』, 시그마프레스.

편마암은 합인석부제작이 많고, 혼펠스는 주상편인석부, 편인석부, 합인석부, 석촉, 석검 등 다양한 석기의 제작에 사용되었다. 혼펠스는 조직이 단단하고 等方性組織으로 타제로 형태를 만들기에 용이하다.

2. 암석의 분석 방법

암석의 분석방법에는 파괴분석과 비파괴분석이 있다.[37] 고고학계에서는 유물에 대한 훼손의 우려가 있기 때문에 주로 비파괴분석인 육안 분석을 실시하였다.[38] 여기서는 파괴분석과 비파괴분석의 종류와 장단점에 대해 살펴보고 유적에서 출토된 유물을 효과적으로 분석할 수 있는 방안을 모색하고자 한다. 유물을 파괴할 수 없는 현실에서 대부분의 암석 분석은 비파괴분석인 육안으로 실시될 수밖에 없을 것이므로 이에 대한 정확도를 높일 수 있는 방안이 최선일 것이다.

가. 파괴 분석법

현미경 분석법, X선 회절분석법, X선 형광분석법 등이 있다.

현미경 분석은 비파괴분석으로 오해하기 쉽지만 가장 대표적인 파괴분석법이다. 이 방법은 암석 내의 광물을 연구하기 위해 사용되는데 암석을 약 0.03㎜ 두께로 얇게 간 암석 薄片을 제작해 偏光顯微鏡을 이용하여 관찰한다[도 Ⅱ-1의 3]. 편광현미경 내부에는 광선을 편광 시키기 위한 2개의 偏光板이 내장되어 있다. 암석이 결정체인 경우 암석의 주구성광물은 일정 배율

---

37) 양승영, 1998, 『지질학사전』, 과학연구사.
    이창진 외, 2000, 『편광현미경으로 본 암석의 세계』, 교육과학사.
38) 분석도 중요하지만 유물에 훼손이 가해지는 파괴분석에 대해서는 보수적인 입장일 수밖에 없다.

하에서 透過光에 의해 나타나는 특징적인 광학적 성질로 결정되며, 이로 인해 서로 구별된다. 금속원소의 함량이 높은 불투명광물은 표면을 광택이 나게 연마한 研磨片을 만들어 반사광 아래에서 관찰하여 구별한다. 반사광 아래에서의 현미경 관찰은 金屬鑛石鑛物의 연구에도 응용된다. 그러나 편광현미경의 관찰하한선은 눈으로 구별할 수 있는 정도로, 직경이 0.0005㎜(0.5㎛) 이하인 입자는 구별할 수 없다. 더 고배율이 필요할 경우, 광물 입자직경을 수만 배 확대한 상을 보여주는 전자현미경을 이용한다.[39] 이 방법은 대상 유물을 가장 정확히 분석할 수 있는 반면 반드시 유물을 파괴해야 하는 것이 단점이다. 때문에 고고학계에서는 유물에 직접적으로 훼손이 가해지는 파괴분석을 시도하는 경우가 드물다.[40]

X선 회절분석은 주로 점토광물의 분석에 이용되는데 암석보다는 토기류의 광물분석에 적합하다. 암석의 경우 풍화도의 측정 등에 이용되므로 표면이 풍화된 석기의 광물분석에 적합할 것으로 생각된다. 單결정이나 多결정 물질에 X−선을 쪼이면 X−선의 파장과 결정의 원자 간격이 거의 같으므로 각 원자에서 산란된 X−선은 상호 간섭하여 특정 방향으로 강한 회절 X−선을 발한다. 이들 회절선을 여러 가지 방법으로 필름이나 계산 장치로 기록한다. 이를 이용하여 결정의 격자 정수와 공간군을 결정하여 결정구조를 해석한다. 이는 광물학에서는 불가결한 실험으로 알려져 있다.

X선 형광분석은 암석의 화학성분 분석에 주로 이용되는 방법이다. 충분한 에너지를 가진 X−선으로 물질을 쪼였을 경우 발생하는 이차선의 일종인 특성 X−선(형광 X−선)을 이용하는 화학 분석법이다. 이 특성 X−선은 물질내의 원소에 따라 고유의 파장을 가진 X−선군을 방출하므로 이 X−선 스펙트럼을 분광 해석함으로써 물질을 구성하는 원소의 종류와 그 양적 비를 알 수 있다.

---

39) 이창진 외, 2000, 『편광현미경으로 본 암석의 세계』, 교육과학사.
40) 각 지역별로 동일한 기종의 유물이 다량으로 출토된 경우라면 제한적으로 파괴분석을 실시할 필요가 있을 것이다.

X선 회절분석과 X선 형광분석은 광물분석과 화학성분분석에 적합하다. 따라서 암석샘플을 제작할 때 현미경 분석용 슬라이드 박편과 병행하여 분석할 필요가 있다. 이를 통해 각 지역별로 동일한 암석이라도 화학조성에서 특징이 확인될 가능성이 있기 때문이다.

나. 비파괴 분석법

육안분석으로 관련학과 전공자에게 의뢰하여 실시한다. 루페(Lupe)는 보통 ×10 정도의 배율을 사용한다. 이 방법은 유물에 손상이 전혀 가해지지 않는다는 점과 비용과 시간적인 측면에서 가장 효율적인 것이 장점이다. 반면 오류의 가능성을 완전히 배재할 수 없는 것이 단점이다.[41] 또한 전공자의 개인 견해에 따라 암석명을 달리하는 경우가 있어 고고학에서 인용할 때 다소 혼란스러운 경우도 있다.

다. 암석분석의 대체 방안

이상과 같이 암석 분석에서 가장 정확한 방법은 파괴분석을 실시하는 것이다. 그러나 모든 유물에 파괴분석을 적용할 수 없으므로 최선이 아닌 차선의 방법을 모색해야 한다. 결국 이러한 방법은 비파괴분석인 육안분석의 정확도를 높이는 것이다.

이를 위해서는 먼저 각 지역별로 암석학을 전공한 지질학자와 연계하여 분석을 실시하는 것이 가장 바람직하다. 어차피 고고학에서 필요한 부분은 석재의 암석명과 그 암석의 산지 또는 분포가 어디인가이다. 결국 이러한 것을 가장 정확하고 전문적으로 해결해 줄 수 있는 사람은 지질학 전공자인 것이고 이를 통해 인문학적 해석을 하는 것은 고고학자의 몫인 것이다. 그런데 이

---

41) 윤선(전 부산대학교 지질학과 명예교수)에 의하면 석기는 신선한 암석면보다 풍화된 상태가 많아 정확한 육안 분석에 문제가 있다고 한다.

1 : 신선암, 2 : 풍화암, 3 : 박편시료, 4 : 현미경분석용 슬라이드

[도 Ⅱ-1] 혼펠스 샘플세트(필자 제작)

러한 부분이 쉽게 해결될 수 있을지는 의문이다. 왜냐하면 저비용에 고고학을 위해서 헌신할 만큼 한가한 지질학자가 드물기 때문이다. 따라서 석기연구의 발전을 위해서 이러한 학제 간 연구는 고고학계에서 화두로 다루어질 필요가 있고 지역별로 지질학자들과의 만남을 통해 고고학에서 필요한 범주를 이해시키고 협조를 구하는 노력도 필요할 것이다.

필자가 제시하고자 하는 방법은 지질학자와 연계하여 지역별로 석재의 샘플을 제작하는 것이다.[42] 유물로 제작된 석재는 지역별로 어느 정도 특정되어 있기 때문에 그리 어려운 작업은 아닐 것이다. 이러한 석재의 샘플제작에 대해 기존의 석재도감이 있는데 왜 필요한가라고 의문을 제기할 수도 있을 것이다. 그러나 대부분의 석재도감은 신선한 암석 위주의 도판이 제시되어 있기 때문에 풍화가 진행된 석기의 대조에는 적합하지 않다.

지금까지 암석샘플이 완성된 지역은 없다. 특히 고고학에서 적용할 수 있도록 목적의식을 가지고 제작된 것이 없기 때문에 풍화정도와 마연상태에 따

---

42) 이러한 작업도 초기에는 지질학자의 자문이 필요하다.

라서 변화무쌍한 암석의 샘플을 제작하는 것은 여간 수고스럽고 번거로운 일이 아니며 비용 또한 만만치 않기 때문이다.

　유적에서 출토되는 석기의 석재는 대부분 유적 주변의 하천에서 채집되거나 노두에서 채집했을 가능성이 높기 때문에 유적 조사 시 석재의 산지에 대한 조사를 실시하는 것이 중요하다. 즉 유적을 중심으로 일정 범위를 지표조사 하듯 답사하여 다른 종류의 암석샘플 자료를 채집하는 것이다.[43] 이 때 동일한 암석이라도 풍화정도가 다른 여러 가지 상태의 샘플을 채집하는 것이 중요하다. 예를 들면 [도 Ⅱ-1]의 1은 신선한 혼펠스이고, [도 Ⅱ-1]의 2는 표면이 풍화된 상태의 혼펠스이다. 실제 석기에서 확인되는 혼펠스는 풍화에 의해 [도 Ⅱ-1]의 2와 같은 상태로 출토되는 것이 많다. 따라서 신선한 암석일 때와 전혀 다른 형태로 출토됨을 알 수 있다. 이것을 샘플이 없는 상태에서 분류한다면 다른 암석 또는 불명처리 될 가능성이 높다. 이와 같은 방법으로 여러 암석의 샘플을 만들어 감정에 활용한다면 비파괴분석법인 육안관찰만으로도 정확도가 상당히 높아질 것으로 기대되며, 암석에 대한 용어도 통일될 것으로 생각된다. 이와 병행하여 보다 정확한 유물의 암질을 알기 위해서는 유물의 직접적인 분석이 시도되어야 할 것이다. 각 지역에서 출토되는 유물의 암질은 동일한 경우가 많으므로 다량 출토된 유물은 현미경분석을 통해 정확한 분석을 실시하여 자료화할 필요가 있다. 또한 X선 회절분석, X선 형광분석 등 암석의 화학성분 및 광물분석을 지역별로 정리해 놓는다면 동일한 암석이라도 어느 지역에서 산출되는 암석인지 검증 가능할 것이다.

　[도 Ⅱ-1]이 파괴분석과 암석의 간단한 샘플이라면 [도 Ⅱ-2]는 근청석 혼펠스제 유물의 풍화정도[44]에 따른 표면의 실사모습을 과정별로 보여주는 것

---

43) 현재 보고서에 수록된 지질조사의 범위는 대체적으로 10㎞ 정도이다.
　　손준호, 2010, 「청동기시대 석기생산 체계에 대한 초보적 검토」 『湖南考古學報』 36, 湖南考古學會.
44) 能登原孝道·中野伸彦·小山內康人, 2007, 「いわゆる「頁岩質砂岩」の原産地について」

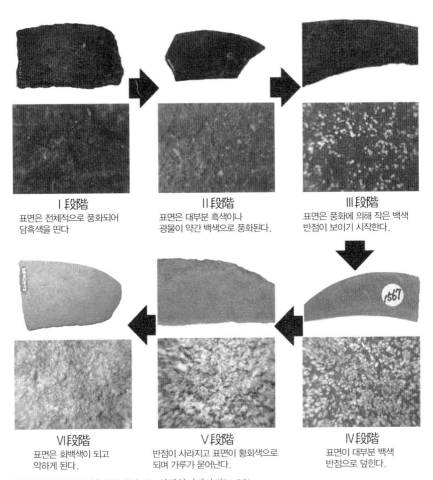

| Ⅰ段階 표면은 전체적으로 풍화되어 담흑색을 띤다 | Ⅱ段階 표면은 대부분 흑색이나 광물이 약간 백색으로 풍화된다. | Ⅲ段階 표면은 풍화에 의해 작은 백색 반점이 보이기 시작한다. |

| Ⅵ段階 표면은 회백색이 되고 약하게 된다. | Ⅴ段階 반점이 사라지고 표면이 황회색으로 되며 가루가 묻어난다. | Ⅳ段階 표면이 대부분 백색 반점으로 덮힌다. |

유물은 長崎縣 原の辻遺跡 出土品, 실체현미경사진(×20)

[도 Ⅱ-2] 근청석 혼펠스의 풍화과정(能登原孝道 2007에서 필자 개변)

이다. 동일한 암석의 다양한 풍화과정을 볼 수 있다는 점에서 샘플 제작에 참
조된다.

『九州考古學』第82号, 九州考古學會.

3. 석재의 선택

가. 석재의 채취

석기의 제작에서 기종별로 적절한 석재의 선택은 무엇보다 중요하다. 이러한 석재의 채취 장소는 석재가 노출되어 있는 노두와 하천으로 구분될 수 있다. 이와 같이 석재의 분포 양상에 따라 산지의 개념이 약간 달라지는데 이에 대해서는 이기성에 의해 소개되고 정리된 바 있다.[45] 이에 따르면 산지의 개념이 노두인가 하천인가를 차치하고 중요한 것은 선사시대의 주민들이 석재를 채취할 경우 하천변이든 산사면의 노출된 노두이든 손쉽게 채취할 수 있는 지역을 택했을 것이란 점이며, 이러한 이유에서 일반적으로 고고학에서 이야기하는 석재의 원산지라 할 경우 '어느 지역 어느 강 유역에서는 해당 석재를 채집할 수 있다'는 개념으로 이해되고 있다. 즉 하천에 의해 운반가능한 거리에 해당한다면 곧 산지라고 인식하는 것이다.

청동기시대 유적에서 출토된 석기 석재의 산지에 대한 내용을 본격적으로 보고서에 수록하기 시작한 것은 2000년대에 들어서이다. 분석 현황에 대한 내용과 문제점에 대해서는 손준호에 의해 정리된 바 있다.[46] 지질 조사의 범위는 대략 반경 10㎞를 기준으로 행해진 경우가 많은데 그 이유는 수렵채집 단계 유적의 상용자원 개척 가능 영역[47]에서 착안한 것으로 추정하였고 별다른 기준이 없기 때문에 이를 따라 10㎞ 이내에 석재의 산지가 존재하지 않는 경우를 외부에서 유입으로 상정하였다. 반면 거리는 상대적이므로 10㎞ 이상 떨어진 거리에서 확인된 석재가 외부로부터의 유입이라 단정할 수는 없다

---

45) 이기성, 2006, 「석기 석재의 선택적 사용과 유통」『호서고고학』15, 호서고고학회.
46) 손준호, 2010, 「청동기시대 석기생산 체계에 대한 초보적 검토」『湖南考古學報』36, 湖南考古學會.
47) 추연식, 1997, 『고고학 이론과 방법론』, 학연문화사.

고도 하였다. 필자도 이에 적극 동감하며 본고에서도 거리의 개념을 규정지을 수는 없기 때문에 직접채취 또는 유입의 개념이 아닌 석재의 형태적 관점에서 약간의 의견을 제시하고자 한다.

필자도 구고에서 석기에 사용된 석재는 '유적 주변에서 채집된 것으로 확인되었다'거나 '유적 인근에 분포한다' 등으로 언급한 바 있다.[48] 석재는 노두 형태의 산지뿐만 아니라 하천에서도 채집할 수 있으며, 특별히 대형의 석기를 제외하면 오히려 하천에 운반되어온 자갈을 이용하는 편이 훨씬 효율적이라고 하였다.[49] 이에 대해서 연구자들은 일반적으로 공감대가 형성된 듯하다.

그런데 여기서 고려되어야할 부분이 석재의 형태이다. 지질학에서는 자갈의 형태를 나타낼 때 원마도와 구형도라는 기준이 있다[도 Ⅱ-3]. 원마도란

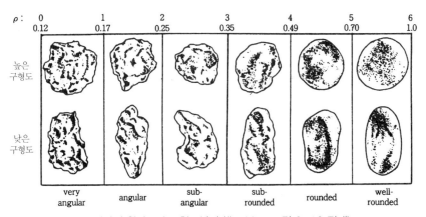

[도 Ⅱ-3] 퇴적물 입자의 원마도와 구형도(李容鎰 1994, 그림 2-10 전재)

48) 황창한, 2007, 「岩石의 分析方法과 考古學的 適用」 『東亞文化』 2·3, 東亞文化財研究院.
49) 이기성, 2006, 「석기 석재의 선택적 사용과 유통」 『호서고고학』 15, 호서고고학회.

원처럼 동그랗게 되는 정도로 평면적인 기준이며 구형도란 공처럼 둥글게 되는 정도로 입체적인 기준이다. 예를 들어 둥글고 납작한 하천력은 원마도는 좋으나 구형도는 좋지 않은 것이고 밤송이처럼 날카롭기는 하나 둥글둥글한 것은 원마도는 낮아도 구형도는 높다고 말한다. 원마도와 구형도는 자갈의 형성 과성에 크게 영향을 받는다. 즉 강의 상류나 채석장의 모난 하천력은 원마도는 낮아도 구형도는 원마도보다 나을 수 있고, 하류의 하천력은 굴러 내려오면서 원마도와 구형도가 커진다. 물론 이러한 성질은 자갈 자체의 암질과 관계가 있다. 예를 들어 판상인 셰일이나 점판암은 얇게 쪼개지므로 구형도가 커지기 어려운 반면 화강암이나 현무암 등 일정한 결이 없는 암석은 원마도와 구형도가 다 같이 높아질 수 있다.

이러한 지질학적 기준에서 본다면 구석기시대와 신석기시대의 유물은 낮은 구형도에 높은 원마도의 하천력(둥글 넙적한)을 사용한 것이 많다[도 Ⅱ-4]. 높은 구형도에 원마도가 좋은 석재는 타격에 의한 박리가 용이하지 않기 때문에 망칫돌 또는 고석으로 적당하다.

석기제작에 하천력을 사용하였음을 알 수 있는 결정적 증거는 다름 아닌 석기의 표면에 채집 당시의 원면이 존재하기 때문이다[도 Ⅱ-4]. 청동기시대의 유적에서도 하천의 자갈을 이용해 대부분의 석기를 제작한 것으로 추정

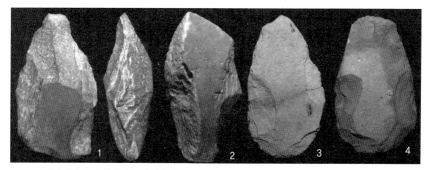

1·2:구석기시대의 타제석기(금파리유적), 3·4:신석기시대의 타제석기(진안 진그늘유적)
[도 Ⅱ-4] 구석기시대·신석기시대 하천력 사용 예(국립대구박물관 2005)

하고 있는 사례가 있지만[50] 그 유적의 모든 유물에 해당하는 것인지는 검토의 필요가 있고 일반화시킬 수 있을 지는 더욱 의문이다. 그런데 구석기시대의 유물에서는 또 다른 중요한 정보를 알 수 있다. 그것은 완성된 석기의 표면에 대부분 원면이 존재한다는 것이다. 이것은 더 이상 박리가 불가능하기 때문이다. 즉 하천력으로 [도 Ⅱ-5]와 같은 청동기시대의 미완성석기를 제작하는 것은 매우 어려운 일이다. 이러한 상황은 [도 Ⅱ-4]의 신석기시대 타제석기에서도 쉽게 확인할 수 있는데 두께가 얇은 석재의 경우도 하천력이라면 반드시 원면이 잔존한다는 사실이다. 여기서 원면을 없앨 정도의 타격조정이 이루어진다면 아마도 석기의 크기는 손톱크기 정도로 작게 될 것이다. 즉 하천력을 사용하여 미완성석기를 제작하는 것은 매우 어려운 작업이며 가능하다고 하여도 비효율적인 것이다. 또한 하천력의 취약점으로 지적될 수 있는 것이 내부의 균열이다. 암석은 노두에 가까울수록 신선한 상태를 유지하는 것은 당연하다. 반면 노두에서 이탈하여 하천을 통해 원거리를 이동하면서 누적된 충격으로 인해 표면에서는 보이지 않은 균열이 내부에 형성되어 있을 가능성이 높다. 이러한 상황은 제작실험하는 과정에서 확인할 수 있다. 그럼에도 불구하고 용암리유적과 같이 하천력을 이용한 사례는 원석확보가 어려운 특수한 환경에서 차선책일 가능성이 높다고 판단되나 집단의 석기제작 체계가 상이했을 가능성도 있어 이는 차후의 검토대상이다. 아무튼 영남지역의 경우는 이렇게 하천력을 사용하여 석기를 제작한 사례는 미완성석기류에서 사례를 찾아보기 어렵다. 그나마 하천력을 사용했을 가능성이 있는 것은 석부류인데[51] 석부미완성품으로 볼 때 일반적인 상황은 아니라고 판단된다.

그러면 마제석기 제작에 사용된 석재의 채취는 어느 곳이 최적지일까. 필자는 신선한 암석이 노출되어 있는 노두이거나 최대한 원마도와 구형도가 좋

---

50) 江原文化財硏究所, 2007, 『龍岩里』.
51) 여기서 사용한 하천력도 원마도와 구형도가 좋은 석재를 뜻하는 것은 아니다. 산지에 가까운 하천에서 산출되는 각재를 뜻한다.

울산 굴화리 장검유적 1 : 3호, 2 : 7호, 3 : 8호, 4 : 10호, 5 : 6호 주거지 출토유물
[도 Ⅱ-5] 청동기시대 미완성석기와 석재(蔚山文化財研究院 2006)

지 않은 각재의 상태로 확인되는 지점이 최적의 장소라고 생각된다. 즉 석
재의 형태가 각재일수록 신선한 암석이며 타격조정에 유리한 석재이기 때
문이다.

이상을 정리하면 하천력은 구석기시대의 주먹도끼, 찍개 등을 제작하기에
는 유리하지만 마제석기를 제작하기 위한 석재로서는 적합하지 않다. 청동기
시대 미완성석기류에서 원면이 거의 남아있지 않은 점으로 볼 때 석재의 산지
는 노두 또는 이와 가까운 곳에서 채취하였을 가능성이 높다.

나. 암석의 풍화와 석기

암석은 오랜 세월을 지나는 동안 비, 바람, 기온, 생물 등의 작용을 받아
그 조직이 기계적으로 붕괴되면서 점점 작은 크기로 변하고 종국에는 암석을
구성하였던 미세한 입자로 변해 간다. 이와 같이 암석이 물리적으로 또는 화
학적으로 변해 가는 일련의 과정을 풍화 작용이라고 한다.[52]

이와 같이 암석의 풍화는 내구성에 치명적인 영향을 주는 물리적 작용이

---

52) 鄭昌熙, 1994, 『地質學槪論』, 博英社.

다. 따라서 석기제작에 사용된 암석은 신선한 암석을 선택하였으며 풍화된 암석은 선택하지 않았을 것이라는 편견이 있을 수 있다. 유물의 제작당시에는 신선한 암석을 사용하였고 이후 오랜 기간이 지나면서 풍화되었다는 것은 지극히 상식적이다. 또한 실제 유물에서도 제작당시와는 달리 풍화가 진행된 유물이 다수 존재하기 때문에 이러한 생각은 당연하게 받아들여지고 있는 듯하다. 청동기시대의 경우 석기가 제작된 이후 최소 2500년 이상 지났기 때문에 어느 정도 풍화가 진행되었을 것은 확실하기 때문이다.

그렇다면 석기는 당시에 모두 신선한 암석으로 제작되고 후에 풍화된 것일까. 결론부터 말한다면 그렇지 않을 가능성이 높다. 유물 중에서 가격구에 해당하는 석부류는 당연히 신선한 암석으로 제작할 수밖에 없다. 아마도 풍화가 진행된 암석으로 제작된다면 내구성에서 치명적인 결함이 드러나 도구로서 부적합할 것이다. 반면 두께가 얇은 석기류에 해당하는 석촉, 석도, 석겸, 방추차 등과 지석, 연석은 모두 풍화가 진행된 암석을 주로 선택한 것이다. 석재의 현황에서 살펴본 바와 같이 상기한 유물들은 이암, 사암, 편암류, 유문암, 화강암류, 편마암류 등으로 제작되었는데 이러한 석재들의 신선한 재료를 노두에서 확인하는 것은 거의 불가능하다. 지표면에 노출된 암석이라도 대부분 풍화가 진행되었고 신선한 암석은 꽤 깊은 심저에 있기 때문이다. 예를 들면 [도 Ⅱ-6]의 화강암 중에서 지석 또는 연석으로 사용할 때 어떠한 석재를 선택하게 될까. 아마도 연구자들은 당연히 풍화된 화강암을 사용하였다고 생각할 것이다. 신선한 화강암은 너무 견고하고 마연촉매제가 형성되지 않기 때문이다. 이와 같은 이유로 이암, 사암으로 제작된 유물도 신선한 암석이 아닌 풍화된 암석을 사용한 것이다. 즉 이러한 석재가 석기의 기능에 적합할 뿐만 아니라 제작에도 용이하기 때문이다.[53)]

---

53) 일반적으로 이암과 사암이 내구성이 좋지 않은 암석 또는 무른 암석 등으로 이해하고 있지만 그것은 풍화된 상태를 의미하는 것이고 실제로 신선한 암석을 구할 수 있다면 가격구로 제작해도 좋은 내구성의 석재이다.

1 : 신선한 화강암, 2 : 풍화된 화강암(대구 서변동유적), 3 : 안산암의 풍화면과 신선면

[도 Ⅱ-6] 화강암과 안산암

이상으로 석기제작에 사용되었던 암석은 가격구 일부를 제외하면 대부분 풍화가 진행된 암석을 사용하였던 것으로 볼 수 있다. 그러면 가격구에 해당하는 석부류의 신선한 암석은 어디에서 채취할 수 있을까. 그것은 화성암 또는 변성암의 풍화 특성을 이해할 필요가 있다. 앞서 살펴본 화강암의 경우는 표토에서 상당부분 풍화가 진행된 경우가 많지만 석부의 제작에 주로 사용되었던 안산암과 혼펠스는 표면의 풍화는 상당히[54] 진행된 반면 속심은 신선한 면을 그대로 유지하고 있는 것이 특징이다[도 Ⅱ-6]. 따라서 이러한 석재의 채취는 전술한 바와 같이 노두 또는 그에 인접한 지점에서 채취하여 사용했을 것으로 추정된다.

다. 석재의 사용

석기의 제작에서 1차적으로 중요한 것은 원재료의 선택이다. 석기를 직접 제작했던 선사인들은 오랜 기간 동안 체험적으로 학습된 상황에 의해 노두 또는 하천에서 석재를 선택하였을 것이다. 또한 각 도구별로 제작하여 사

54) 청동기시대의 유적에서 출토된 유물 중에서 퇴적암류는 제작 당시의 상태를 그대로 유지한 경우가 많아 사용흔 분석을 실시할 수 있을 정도이다. 반면 안산암, 혼펠스 등 화성암과 변성암은 석기제작 이후 표면의 풍화가 상대적으로 빠르게 진행된 점이 특징이다.

용하기에 적절한 석재의 물리적 특성도 파악되어 있었을 것이다. 여기서는 각 지역별로 석재의 선택이 어떻게 이루어졌는가에 대해서 지질적으로 차이가 큰 지역을 선별하여 살펴보고 석기 기종별 석재의 차이를 확인하도록 하겠다.

　검토대상 지역은 기본적으로 유물의 석재 분석이 이루어져 있으며 지질적으로 차이가 있고 거리상 배타적인 영남지역, 호서지역, 강원지역에서 선정하였다. 영남지역은 필자가 암석동정을 실시한 울산 동부지역의 유적을 대상으로 하였다. 호서지역은 아산 일대에서 조사된 유적 중에서 유구와 석기의 출토량이 많고 석재 분석 결과가 수록되어 있는 아산 명암리유적과 지리적으로 인접한 곳에 위치한 천안 백석동유적을 대상으로 하였다. 강원지역은 춘천지역의 천전리유적을 대상으로 하였는데 암석명이 너무 세밀하게 분석되어 있어 편암류, 편마암류로 통합하였다. 또한 응회암은 쇄설성퇴적암에 속하지만 영남지방의 경우 안산암, 안산암질응회암이 육안으로 구분이 어려워 동일하게 적용된 사례가 많다. 따라서 본고에서 응회암은 화성암에 포함시켰다.

[표 Ⅱ-2] 지역별 석재분석 대상 유적

지역	유적명	참고문헌
영남(울산)	울산 효문동 죽전곡·효문동유적	울산문화재연구원 2004
	울산 효문동 율동유적	울산문화재연구원 2006
	울산 연암동 산성유적	울산문화재연구원 2004
	울산 매곡동 신기유적 I	울산문화재연구원 2006
	울산 매곡동유적 I 지구	울산문화재연구원 2005
	울산 매곡동유적 Ⅱ 지구	울산문화재연구원 2005
	울산 신현동 황토전유적	울산문화재연구원 2003
	울산 산하동 산음유적	울산문화재연구원 2005
호서(아산·천안)	아산 명암리 유적(12지점)	충청문화재연구원 2011
	아산 명암리 유적(11·3지점)	충청문화재연구원 2003
	천안 백석동 고재미골 유적	충청문화재연구원 2009
강원(춘천)	천전리유적	강원문화재연구소 2008

成因	巖質\石器	합인석부	편인석부	석도	석촉	석검	석창	선형석기	주상편인석부	지석	연석	방추차	환상석부	계	계
퇴적암	이암	3	1	5	25	2	2	20		1				59	90
	사암	4		6						13	6	2		31	
화성암	화강암									1	2			3	47
	유문암			9						6	4	4	1	24	
	안산암 (질응회암)	13	1				1			3	1		1	20	
변성암	편마암	7												7	80
	hornfels	14	19	3	8	5	4	14	6					73	

[표 Ⅱ-4] 아산·천안지역 출토 석기의 암질구성

成因	巖質\石器	석검	합인석부	편인석부	석착	주상편인석부	석촉	석창	석도	지석	연석	방추차	환상석부	계	계
퇴적암	사암	1		1		1	1				2		1	7	56
	세일(shale)	8		4		1	55	1	5	1				75	
	점판암	3	1				2	2	15			1		24	
화성암	응회암		3	3	1									7	26
	화강암류									3	2			5	
	산성암맥									2	1			3	
	중성암맥					1								1	
	염기성암맥		2											2	
	유문암 (규장암)				1				1	5	1			8	
변성암	편암류		9	2		6			4	7	1	1		30	53
	편마암류		1	2						2	7			12	
	천매암			1					3	1				5	
	활석									1	1	4		6	

[표 Ⅱ-5] 춘천지역 천전리유적 출토 석기의 암질구성

成因	石器 / 巖質	석검	합인석부	편인석부	주상편인석부	석촉	석창	석도	지석	연석	방추차	합계	
퇴적암	이암					2		1	3		2	8	72
	사암			1	1			3	1			6	
	세일(shale)	3		5		43	2	3				56	
	Chert질암			1				1				2	
화성암	응회암						1		3			4	65
	화강암류							2	9	14		25	
	산성암맥			1	1			3	7		1	13	
	중성암맥								1		1	2	
	유문암(규장질)							1	8	1		10	
	석영		1									1	
	염기성암맥		2		2			2	1			7	
	장석반암		3									3	
변성암	편마암류		14	2	3			1	3	3	4	30	202
	변성사암		1		1				3			5	
	천매암	4	3	5		65	4	5	1		2	89	
	편암류		1	5	1					1		8	
	규암		3	2	2					1		8	
	hornfels					1						1	

라. 검토

이상과 같이 각 지역별 석재의 이용 현황은 [표 Ⅱ-3~5]와 같다. 석기는 다양한 기종이 있지만 지역별로 많은 양이 출토되고 실생활에 사용이 많았던 합인석부, 석촉, 석도를 비교해 보도록 하겠다. 기타 유물은 참고로 설명하도록 하겠다.

합인석부는 각 지역별로 사용된 석재의 특징이 비교적 뚜렷하다[도 Ⅱ-7].

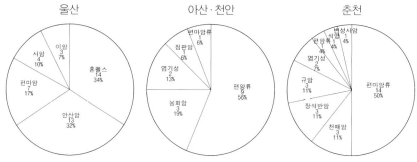

[도 Ⅱ-7] 지역별 합인석부 석재 사용 비율

특히 울산과 아산·춘천지역의 대비가 두드러진다. 울산지역의 경우 합인석부의 제작에 안산암과 혼펠스를 주로 사용하였고 편마암과 퇴적암이 소량 확인되었다. 울산지역 이외의 영남지역에서 합인석부는 일반적으로 안산암재질로 다수 확인되는데 울산지역의 경우도 전형적인 벌목용 합인석부만 분류한다면 안산암의 비율이 더 높다.[55) 반면 아산과 춘천지역은 변성암의 비율이 높게 나타나는데 아산지역은 편암류, 춘천지역은 편마암류를 주로 사용하였다.

　석촉의 제작에 사용된 석재는 지역을 막론하고 퇴적암을 우선적으로 선택한 것으로 보인다[도 Ⅱ-8]. 춘천지역만 변성암의 비율이 높은데 천매암이 주로 사용되었다. 전술한 바와 같이 천매암은 풍화가 어느 정도 진행된 것은 이암과 마찬가지로 판상으로 잘 쪼개지며 마연이 용이하기 때문에 선택된 것으로 보인다. 아산 이외의 호서지역의 경우는 퇴적암으로 분류된 유물 중에서 실제로는 편암으로 제작된 사례가 많아 퇴적암의 비율이 낮아질 가능성이 있다. 울산 이외의 영남지역의 경우도 석촉의 제작에 사용되는 석재의 양상

---

55) 울산지역 합인석부의 분류에서 신부는 평평하나 인부가 합인인 경우를 모두 포함하였다.

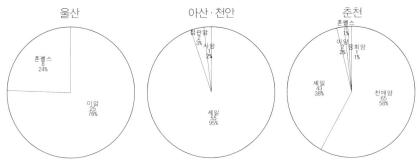

[도 Ⅱ-8] 지역별 석촉 석재 사용 비율

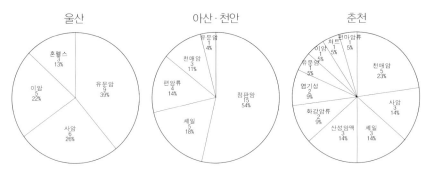

[도 Ⅱ-9] 지역별 석도 석재 사용 비율

은 대동소이하다. 전체적으로 지질이 단순하기 때문에 퇴적암계열의 이암이
대부분이며 간혹 사암이 확인되기도 한다. 부장용 석촉에서는 혼펠스의 비율
이 높게 나타나기도 한다.

  석도는 석촉과 마찬가지로 판상으로 절리가 잘 되는 암질을 사용하지만 지
역별로 약간의 차이가 있다. 울산지역은 석촉에 사용되지 않는 화성암계열의
유문암의 사용이 두드러지며 퇴적암도 입자가 거친 사암이 이암에 비해 높게
확인된다. 유문암은 풍화가 진행된 것을 사용하였는데 이암과 같이 가공이
쉽다. 혼펠스제 석도는 대부분 동북형석도이므로 반월형석도의 제작에는 거

의 사용하지 않은 것으로 판단된다. 아산지역은 퇴적암에 비해 변성암인 점판암의 사용이 높게 나타난다. 아마도 퇴적암에 비해 강도가 높은 점판암을 선호했던 것으로 추정된다. 춘천지역은 다양한 암석을 사용하였으나 천매암의 사용이 높다. 그러나 사암, 셰일 등의 비율이 높은 점으로 볼 때 퇴적암을 우선적으로 고려했던 것으로 추정된다.

이외에 석검은 각 지역별로 퇴적암을 주로 사용하였으며 울산지역과 춘천지역에서는 변성암으로 제작되기도 한다.[56] 영남지역의 경우 전기의 이단병식석검은 대부분 이암이며 후기의 석검에서 혼펠스의 사용이 많다.

주상편인석부류[57]와 편인석부는 각 지역에서 변성암을 주로 사용하였다. 특히 울산지역은 대부분 혼펠스로 제작된 점이 특징이다. 아마도 용도와 관련이 있을 것으로 추정되는데 합인석부와 같이 직접적인 벌목보다는 목재 가공과 관계되는 작업에 적합한 석재로서 선택된 것으로 추정된다.

지석과 연석은 모두 마찰을 요하는 도구로서 화강암, 유문암, 사암류가 대부분 사용된다. 특히 지석은 마연을 하는 과정에 따라 거친 마연과 정밀 마연 단계로 구분할 수 있는데 거친 마연은 조립사암, 정밀 마연은 세립사암, 유문암을 사용한다.

이외에 석제 방추차와 환상석부 등의 유물이 확인되었다. 방추차는 제작이 용이한 유문암, 사암이 주로 사용되었고 환상석부는 안산암과 유문암으로 제작된 것이 확인되었는데 수량이 적어 기능과 관련된 석재의 선택인지는 알 수 없다.

이상과 같이 각 지역별로 석기의 기종에 따라 석재의 차이가 확인되었다.

---

56) 울산지역은 청동기시대 전기의 문화가 큰 변동 없이 후기까지 이어지는 소위 검단리 문화권에 해당한다. 검단리문화권에서는 후기의 혼펠스제 일단병식석검의 출토사례 가 드물게 확인되며 전기의 석검제작에 사용되었던 이암으로 제작된 석검의 비율이 높게 나타난다. 전기의 석검과 후기의 석검제작에 사용된 석재에 대해서는 뒷장에서 검토하도록 하겠다.
57) 주상편인석부류는 유구석부를 포함한 것이다.

그러면 석재의 분포양상을 유적주변의 지질도를 통해 살펴보도록 하겠다.

먼저 울산지역의 경우 주로 사용된 퇴적암과 변성암인 혼펠스는 유적 인근에 대부분 분포하는 석재이다[도 Ⅱ-10]. 혼펠스는 울산동부지역에서 하천력으로 확인되어 사용에 부적합하나 서쪽으로 약 15㎞ 지점에 대규모 혼펠스산지가 분포해 구하기 어려운 석재는 아닌 것으로 판단된다. 또한 이암과 사암 등의 퇴적암류도 울산 동부지역의 동천강 유역에도 일부 분포하지만 동서로 발달해 있는 태화강의 단애면에 노출된 석재가 많아 역시 이곳에서 어렵지 않게 채취할 수 있다. 유문암은 노두에서 부분적으로 확인되는데 유적이 위치한 울산 동부지역에서도 가깝게는 1㎞ 이내, 멀게는 5㎞ 이내에서 채취가 가능하다. 안산암은 울산 동부지역에도 분포하나 25㎞ 정도 서쪽의 신

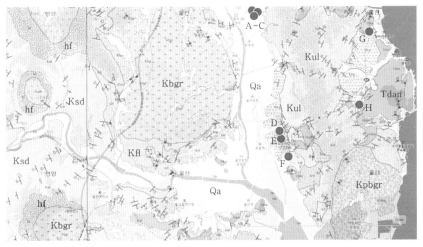

Kbgr : 흑운모화강암, Kgdi : 화강섬록암, Kpbgr : 반상흑운모화강암, hf : 혼펠스,
Kfl : 유문암(규장암), Kul : 자색 셰일, 사암, 회록색 셰일, 응회암질 사암, 역암,
Tdan : 당사리 안산암, Qa : 충적층
A : 매곡동 신기유적, B : 매곡동유적Ⅰ, C : 매곡동유적Ⅱ, D : 연암동 산성유적,
E : 효문동 죽전곡유적, F : 효문동 율동유적, G : 산하동 산음유적, H : 신현동 황토전유적
[도 Ⅱ-10] 울산지역 지질도(한국지질자원연구원 https://www.kigam.re.kr)

불산 일원에 대규모로 분포하여 가장 채취 범위가 넓은 암석에 해당한다.

　그런데 편마암류 합인석부의 산지는 울산지역의 지질도에서 확인할 수 없는 석재이다. 편마암이 분포하는 지역은 울산을 기준으로 북쪽은 울진, 서쪽은 지리산, 북서쪽은 경북 김천이 가장 인접한 지역에 해당한다. 따라서 울산지역에서 확인된 편마암류 합인석부의 석재는 원거리에서 산출되는 암석으로 볼 수 있다.

　호서지역인 아산·천안지역의 석재는 영남지방에서 확인되지 않는 변성암인 편암과 점판암의 비율이 높은 점이 특징이다. 이러한 암석은 유적 인근에 위치한 경기편마암복합체에서 대부분 산출되는 암석으로 채취가 가능할 것으로 판단된다[도 Ⅱ-11]. 반면 영남지역에서 쉽게 채취가 가능한 퇴적암의 산지가 유적에서 비교적 원거리에 분포한다. 명암리유적과 백석동유적에

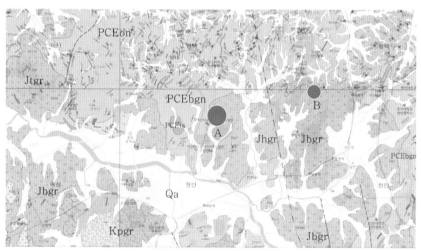

Jtgr : 복운모화강암, Jbgr : 흑운모화강암, Jhgr : 각섬석편마상화강암, Kpgr : 반상화강암,
PCEls : 석회암, PCEbgn : 호상흑운모편마암, PCEbon : 경기편마암복합체(호상편마암, 화강암
질편마암, 각섬석편마암)
A : 명암리유적, B : 백석동유적

[도 Ⅱ-11] 아산·천안지역 지질도(한국지질자원연구원 https://www.kigam.re.kr)

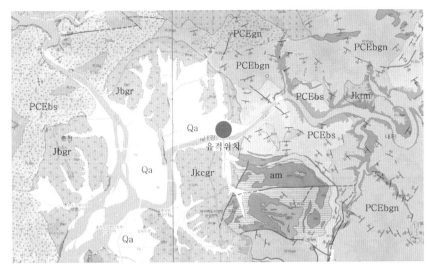

PCEbs : 용두리편마암복합체(석류석흑운모편암, 안구상편마암), PCEgn : 석류석편마암,
PCEbgn : 석회암, 석회규산염암, 면구상편마암, 흑운모편암, am : 앰피볼라이트,
Jbgr · Jkcgr : 흑운모화강암

[도 Ⅱ-12] 강원 춘천지역 천전리유적 지질도
(한국지질자원연구원 https://www.kigam.re.kr)

서 서쪽으로 40㎞ 지점의 대호지층 또는 동쪽으로 40㎞ 지점의 초평층과 신
라층군이 가장 가까운 퇴적암 산지로 확인된다. 반송리유적과 같이 외부에서
석재를 공급받았을 가능성도 추정되나[58] 석재의 특성상 외부로부터 공급받
을 만한 정도의 중요한 석재인지는 의문이다.

춘천지역 천전리유적 인근의 지질은 화강암, 편마암, 편암 등 화성암과 변
성암류 석재가 산재한다. 따라서 유물을 제작할 수 있는 대부분의 석재는 유
적 인근에서 채취가 가능할 것으로 판단된다. 그런데 호서지역의 아산·천안

---

58) 李亨源, 2007, 「盤松里 靑銅器時代 聚落의 構造와 性格」『華城 盤松里 靑銅器時代
    聚落』, 한신대학교박물관.

지역과 마찬가지로 퇴적암의 산지가 유적 인근에는 분포하지 않는다. 지질도 상으로는 유적으로부터 50㎞ 이내에는 퇴적암이 분포하고 있지 않은 것으로 확인된다. 분석결과를 신뢰한다면 이러한 유물은 원거리에서 반입되었을 가능성이 높다고 판단된다.[59]

이상과 같이 각 지역의 유석에서는 대부분 유적 인근에서 산출되는 석재를 토대로 석기의 제작이 이루어졌음을 알 수 있다. 그러나 울산지역의 편마암류 합인석부와 아산·천안지역, 춘천지역의 퇴적암은 유적 인근에서는 산출되지 않는 것으로 파악된다.

원거리 석재의 이동은 당시의 교류를 추정할 수 있는 중요한 문제이므로 다음 장에서는 울산지역에서 출토된 편마암류 석부에 대하여 산지추정을 실시하도록 하겠다.

---

59) 지질도상에는 드러나지 않은 소규모 퇴적암 지대가 분포할 가능성도 배제할 수 없으므로 차후 산지 추정 연구대상으로 삼도록 하겠다.

Ⅲ
석재 산지

석재의 산지에 대한 연구 대상은 두 가지로 진행하였다. 첫째는 원거리 석재에 대한 분석이고, 둘째는 특수한 용도의 유물을 제작한 석재에 대한 분석이다.

전 장에서 지역권을 설정하여 석기의 석재를 검토한 결과 대부분 유적 인근에서 구할 수 있는 석재를 선택하였다. 그런데 울산지역의 변성암류[60] 합인석부는 유적주변 50km 이내에 분포하지 않는 암석으로 확인되었다. 그리고 필자가 석재 감정을 실시한 강화도 지역의 신봉리·장정리 유적에서도 도서 내에 분포하지 않는 석재인 활석제 방추차와 편암제 석검·반월형석도가 확인되었다.[61] 원거리 석재의 산지는 이 두 곳을 대상으로 하였다.

다음은 청동기시대 후기의 유절병식석검과 일단병식석검 중에서 혼펠스로 제작된 것이 다수 확인된다. 혼펠스는 영남지역에서 주상편인석부, 유구석

---

60) 본고에서 사용하는 암석명 중에서~암류라고 표현하는 것은 화강암, 화강섬록암, 흑운모화강암 등 동일한 암석 내에서 다양하게 산출되는 암석을 포괄적으로 지칭하는 것이다.

61) 김정인·오운석, 2013, 『江華 新鳳里·長井里 遺蹟』, 中原文化財硏究院.

부, 편인석부, 석촉 등 다양한 기종의 석기를 제작하는 석재로 사용되었다. 이 암석의 주 분포권은 영남지역으로서 유적 인근의 하천에서 손쉽게 구할 수 있는 석재로 인식되었기 때문에 특별한 석재로 취급되지 않았으며 산지추정에 적합한 대상이 아니었다. 그러나 필자가 영남지역의 혼펠스 산지를 답사한 결과 마세석검과 같이 대형의 기종을 제작할 수 있는 석재의 산지는 특정지역에만 한정되는 것으로 확인되므로 이에 대해서 검토하겠다.

1. 울산지역 변성암류 석재의 산지

가. 연구방법

울산지역을 포함한 영남지역의 청동기시대 유적에서 출토된 합인석부의 암질은 대부분 안산암계통이며, 일부는 혼펠스도 확인된다. 이 두 암석으로 제작된 석부는 출토 당시 표면이 풍화되어 회백색 또는 엷은 회청색을 띠며 분말이 묻어나는 것이 특징이다.[62] 그런데 합인석부 중에서 출토 당시 풍화되지 않고 광택이 있거나 붉은 색조 또는 유백색을 띠어 한눈에 보기에도 이질적인 석재로 제작된 것이 확인되고 있다. 이러한 석부의 암질은 규질편마암, 화강편마암, 편암, 편마암 등으로 명명되고 있다.[63]

먼저 울산지역에서 출토된 변성암류 석부의 분석을 통해 시공간적인 양상을 파악하고 지형, 수계, 지질에 대한 검토를 통해 합인석부 제작에 사용된 변성암류가 자연 물리적인 요인에 의해서 울산지역으로 유입될 수 없다는 것을 확인하겠다.

---

62) 안산암(안산암질응회암)과 혼펠스의 신선한 면은 흑색 계열이다.
63) 이러한 암석명은 윤선(전 부산대학교 지질학과 교수)에 의해 시작되었다. 여러 암석명으로 불리고 있으나 모두 변성암에 해당하므로 이하는 변성암류로 통칭하도록 하겠다.

석재의 산지를 확인하는 방법은 대체암석[64]을 채집하여 분석하는 것이다. 야외조사는 국내의 지질도를 토대로 변성암류의 분포지역을 검토하여 후보지를 설정하였다. 야외조사를 통해 변성암류 석부와 유사한 대체암석을 채집하고 그 암석과 유물의 동일성 여부에 대해 지질학 전공자를 통해 검증 받는다.[65] 여기서 동일한 암석으로 검증된다면 산지는 확인되는 것이므로 대체암석의 파괴분석을 통해 암석명을 확인할 수 있다. 결론적으로 암석명과 산지를 결정하고, 고고학적 맥락에서 이러한 석재로 제작된 합인석부가 유입된 배경에 대해 고찰해 보도록 하겠다.

나. 유물 검토

1) 출토 현황

울산지역 청동기시대 유적에서 출토된 변성암류 석부의 현황은 [표 Ⅲ-1]과 같다. 유물의 기종은 편인석부 1점, 석착 2점, 재가공품 1점을 제외하면 모두 합인석부이다. 다른 유물에서 이러한 암석으로 제작된 사례는 전무한 상황이므로 합인석부 전용으로 제작된 것으로 보아도 무방할 듯하다.[66]

청동기시대 주거지에서 출토된 미완성 석기류에는 석부의 미제품도 종종 확인된다. 그러나 변성암류 석부의 미제품 또는 이와 관련된 석재가 한 점도 확인되지 않은 점으로 볼 때 취락 외부에서 제작되었고 완성품으로 반입되었을 가능성이 높다.

---

64) 황창한, 2012, 『변성암류로 구성된 울산지역 청동기시대 석기의 산지연구』, 부산대학교대학원 석사학위논문.
　　구고에서는 '대응암석'으로 하였으나 '代替'란 용어가 보다 적합하여 수정 하고자 한다.
65) 이찬희 외, 2003, 「천안 운전리 청동기 유적지에서 출토된 석기의 정량분석과 고고지질학적 해석」『보존과학회지』12, 한국문화재보존과학회.
　　산지조사에 대한 전반적인 상황은 지질학전공자와 협의하는 것이 바람직하다.
66) 소형 편인석부와 석착도 합인석부로 사용되다가 재가공 되었을 가능성도 있다.

석부의 출토지는 대부분 주거지와 지표수습이고 신정동유적에서만 계곡부에서 1점이 확인되었다. 신정동유적의 계곡부에서도 석부만 확인되었을 뿐 토기나 기타 의례품으로 추정할 수 있는 유물이 공반되지 않았기 때문에 특별한 의미를 부여할 수는 없을 것으로 판단된다. 또한 울산지역 출토 합인석부 중에서 변성암류 석부의 비율이 약 15% 이내인 점으로 볼 때 40% 정도가 지표수습 되었다는 것은 낮은 비율이 아니다. 따라서 의도적인 폐기일 가능성도 제기되지만 대부분 특별한 장소가 아닌 제토과정에서 수습된 것이어서 경작 등 후대의 유실에 의해 반출된 것으로 보인다.

[표 Ⅲ-1] 울산지역 출토 변성암류 석부 목록

번호	유적명	편년	유구	유물	암질 (보고서)	조사기관
1	울산 중산동 약수유적Ⅱ	후기	1호주거지	합인석부	편마암	울문연 2009
		후기	20호주거지	합인석부	편마암	
				석착	편마암	
2	울산 천곡동 가재골유적Ⅰ	전기	3호주거지	합인석부	규질편마암	울문연 2007
		전기	29호주거지	합인석부	규질편마암	
3	울산 천곡동 가재골유적Ⅱ	전기	10호주거지	합인석부	세립섬록암?	울문연 2008
4	울산 천곡동유적Ⅱ	불명	12호주거지	합인석부	편마암	울발연 2006
		후기	15호주거지	합인석부	편마암	
5	울산 천곡동유적 (나지구)	전기	3호주거지(2점)	합인석부	화강암	울발연 2005
		전기	6호주거지	합인석부	화강암	
		전기	16호주거지	합인석부	화강암	
		불명	지표채집	합인석부	화강암	
6	울산 매곡동 신기유적Ⅰ	전기	23호주거지	편인석부	규질편마암	울문연 2006
7	울산 매곡동 신기유적Ⅱ	후기	다-1호주거지	합인석부	편마암	울문연 2006
8	울산 매곡동 신기유적Ⅲ	전기	7호주거지	합인석부	편마암	울문연 2007
				합인석부	편마암	

번호	유적명	편년	유구	유물	암질 (보고서)	조사기관
9	울산 매곡동 유적IV지구	불명	지표채집	합인석부	편마암	울문연 2006
10	울산 신천동 585-6유적	전기	9호주거지	합인석부	편마암	울발연 2009
		전기	13호주거지(2점)	합인석부	편마암	
		불명	지표채집	합인석부	편마암	
11	울산 신천동 냉천유적	불명	지표채집	합인석부	섬록암	울발연 2008
12	울산 창평동유적	전기	1호주거지	합인석부	미기재	영문연 2003
13	울산 화봉동유적	후기	I-6호주거지	합인석부	사암혼펠스	울발연 2008
14	울산 연암동 705유적	후기	1호주거지	편인석부	편마암	울문연 2008
15	울산 효문동· 죽전곡유적	전기	III-1호주거지	합인석부	편마암	울문연 2004
16	울주 장검유적	불명	3호주거지	합인석부	규질편마암	울발연 2010
17	울산 굴화리 장검유적II	전기	24호주거지	합인석부	규질편마암	울문연 2006
18	울산 굴화리 생기들유적	불명	지표채집	?	규질편마암	울문연 2008
19	울산 다운동 대골유적	후기	II-4호주거지	합인석부	화강암	울발연 2007
		불명	지표채집(2점)	합인석부	화강암	
20	울산 반연리 가막못유적	불명	지표수습	합인석부	석류석편마암	울문연 2010
21	울산 동천동유적	전기	2호주거지	합인석부	규질편마암	울문연 2006
22	울산 신정동유적	불명	계곡수습	합인석부	안산암	울문연 2003
23	울산 인보리 번답들유적	전기	15호주거지	합인석부	규질편마암	울문연 2008
24	울주 외광리 취락유적	전기	18호주거지	합인석부	규질편마암	울발연 2007

번호	유적명	편년	유구	유물	암질 (보고서)	조사기관
25	울산 남창· 합수유적	후기	6호주거지	석착(합인)	화강암	울발연 2006
26	울산 외광리 귀지유적	불명	II-3호주거지	불명석기	화강편마암	울문연 2010
27	울산 위양리유적	불명	지표채집	합인석부	편마암	울문연 2008
28	울산 정자동유적	불명	지표수습	합인석부	규질편마암	울발연 2009
		불명	지표수습	합인석부	규질편마암	
29	울산 신현동 황토전유적	후기	8호주거지	합인석부	석영편마암	울문연 2003
		후기	26호주거지	합인석부	편마암	
		불명	지표채집(2점)	합인석부	편마암	

이상과 같이 변성암류 석부는 주거지에서 실생활에 사용했던 실용구이며, 울산지역에서 산출되지 않는 특별한 석재로서 의미가 있을 것으로 판단된다.

석부가 출토된 유적의 분포상은 울산동부지역을 북에서 남으로 흐르는 동천강과 서에서 동으로 흐르는 태화강을 중심으로 주변의 나지막한 구릉지에 집중 분포하는 양상이다[도 III-1]. 특히 울산의 북쪽에 해당하는 매곡동 일원에 집중적으로 분포하는 양상인데 이 지역이 광범위하게 개발되면서 발굴조사가 이루어진 결과로 판단되므로 특별한 의미를 부여할 수는 없다. 이러한 상황으로 볼 때 울산지역 전역에 분포하는 양상으로 파악된다.

변성암류 석부가 출토된 주거지를 규모, 입지적으로 간단히 살펴보면 다음과 같다. 먼저 규모는 각 주거지별로 대형, 중형, 소형으로 구분이 가능하고, 입지는 구릉의 정선부와 사면부로 구분할 수 있다. I형은 입지적으로 구릉의 정선부이고, 규모도 취락 내에서 가장 큰 것이다. 대표적인 유적으로는 천곡동유적, 정자동유적, 효문동 죽전곡유적 등이 있다[도 III-2].

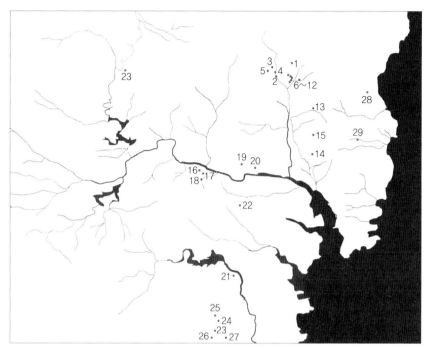

[도 Ⅲ-1] 울산지역 변성암류 석부 출토유적 분포현황([표 Ⅲ-1]과 번호 일치)

　다음 Ⅱ형은 세대공동체[67) 내에서 가장 규모가 큰 주거지이다. 대표적인 유적으로는 [도 Ⅲ-2]의 동천동유적 외에 울산 매곡동 신기유적Ⅰ, 울산 중산동 약수유적Ⅱ 등이 있다. 이외에도 변성암류 석부가 출토되는 주거지는 각 유적 내에서 대부분 중형급 이상의 주거지이다. 이러한 양상이 계층성을 반영하는 것인지는 알 수 없으나 주거의 규모와 입지에서 다른 주거지와 어느 정도 차별되는 것으로 보인다.

　석부는 길이와 폭의 규모에 따라 초대형, 대형, 중형, 소형으로 분류된다

---

67) 安在晧, 2006, 『靑銅器時代 聚落硏究』, 釜山大學校大學院 博士學位論文.

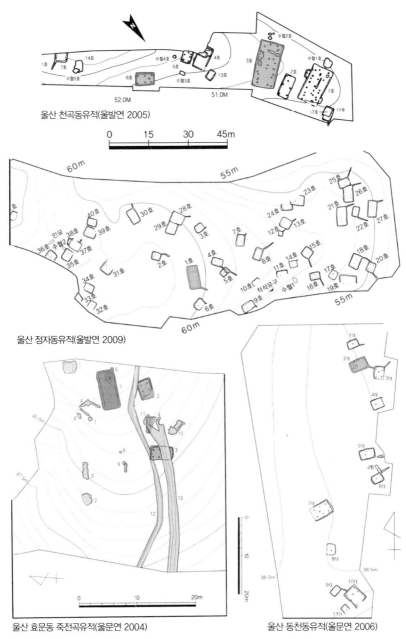

울산 천곡동유적(울발연 2005)

0   15   30   45m

울산 정자동유적(울발연 2009)

울산 효문동 죽전곡유적(울문연 2004)

울산 동천동유적(울문연 2006)

[도 Ⅲ-2] 변성암류 석부 출토 취락 유형(축척부동)

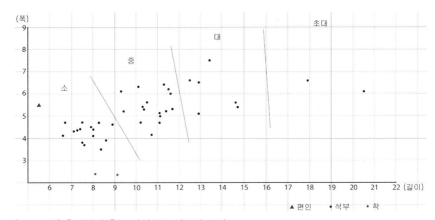

[도 Ⅲ-3] 울산지역 출토 변성암류 석부의 규격

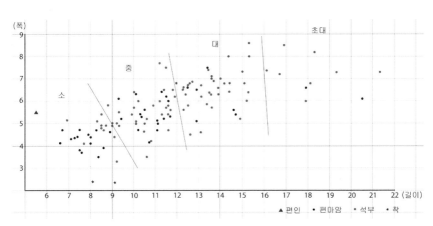

[도 Ⅲ-4] 변성암류 석부와 재지계 석재 석부의 규격 비교

[도 Ⅲ-3]. 대체로 소형과 중형에 밀집된 양상이다. 그런데 변성암류 석부는 소형이 다량인 반면 재지계 석재의 합인석부는 중형, 대형에 집중되며 소형 은 소량만 확인된다[도 Ⅲ-4]. 결국 이런 규격의 차이는 석부를 제작한 집단 의 차이에서 발생하였을 가능성이 높다고 판단된다.

2) 편년

유물의 시간성에 대해서는 공반된 유물의 검토를 통해서 살펴보고자 한
다. 울산지역의 토기편년 연구에 의하면 전기는 구순각목공렬문, 이중구연단
사선문, 공렬문토기 중심이고 후기는 낟알문을 중심으로 파수부발이 성행한
다.[68] 이를 참조하여 변성암류 석부가 출토된 유구의 토기를 분류하면 크게
3단계로 구분된다.

[표 Ⅲ-2] 동남해안지역 청동기시대 편년(김현식 2013)

	시기	토기문양	석기상	주거지	취락
BP.3000- 조기	I	돌대문토기	무경식석촉 방형, 어형, 주형석도 공존 주상편인석부 출현	둔산식	조기는 충적지 중심 취락의 규모 작음. 대형 중소형 주거지 공존
BP.2900- 전기	I	가락동식토기 (이중구연단 사선문) 유행		흔암리식, 관산리식, 울산식 공존	
BP.2500-	Ⅱ	흔암리식토기 유행	무경식, 이단 경식 공존 주형석도 급증	울산식주거지 비율 증가함	취락의 규모 커짐 구릉 중심 대형 중소형 주거지 공존
후기	I	역삼동식토기와 검단리식토기 공존기	일단경식석촉 유행 주형석도 유행	울산식주거지	환호출현 대규모 취락 충적지로 취락이 확대
	Ⅱ	검단리식토기 유행			
	Ⅲ	검단리식토기 유행 공열문의 소멸 낟알문(횡선문) 만 유행			

---

68) 李秀鴻, 2005,『檢丹里式土器에 대한 一考察』, 釜山大學校大學院 碩士學位論文.
　　김현식, 2013,「동남해안지역 청동기시대 편년」『한국 청동기시대 편년』, 서경문화사.

1단계는 전기로 구순각목공렬문, 이중구연단사선문, 공렬문토기와 무경식, 이단경식석촉이 공반되는 단계로 변성암류 석부의 출토 빈도가 높다.

2단계는 후기 전반으로 역삼동식 토기와 검단리식 토기가 공존한다. 변성암류 석부의 빈도가 점차 감소되는 단계이다.

3단계는 후기 후반으로 공렬문이 소멸되고 낟알문 등 검단리식 토기만 확

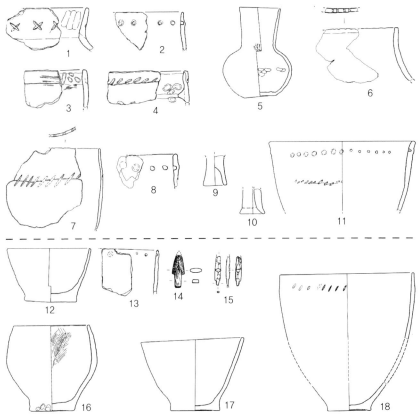

전기- 1~5 : 천곡동유적 나지구, 6·8·9 : 인보리 번답들유적, 7·10 : 매곡동 신기유적 I ,
　　　11 : 천곡동 가재골유적 I
후기- 12~15 : 외광리 취락유적, 16 : 연암동 705유적, 17·18 : 중산동 약수유적 II

[도 Ⅲ-5] 변성암류 석부의 시기별 공반 유물(축척부동)

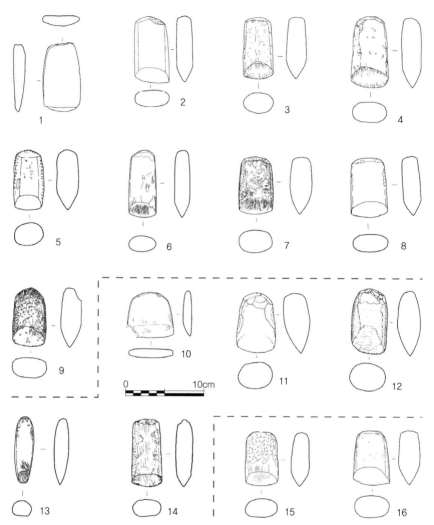

전기- 1 : 매곡동 신기유적 I , 2 : 효문동·죽전곡유적, 3·4 : 정자동유적, 5 : 신천동 585-6유적,
　　　6·7 : 매곡동 신기유적Ⅲ, 8 : 천곡동 가재골 유적 I , 9 : 천곡동유적 나지구
후기- 10 : 연암동 705유적, 11·12 : 신현동 황토전유적, 13 : 남창·합수유적, 14 : 화봉동유적
불명- 15 : 굴화리 장검유적, 16 : 매곡동유적 Ⅳ지구

[도 Ⅲ-6] 변성암류 석부 소형일괄

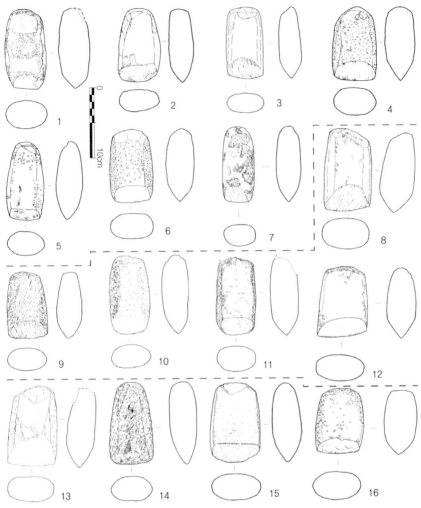

전기- 1 : 천곡동유적 나지구, 2 : 천곡동유적Ⅱ, 3 : 인보리 번답들유적, 4 : 외광리 취락유적,
     5·6 : 신천동 585-6유적, 7 : 동천동유적
후기- 8 : 신현동 황토전유적, 9·10 : 중산동 약수유적Ⅱ, 11 : 매곡동 신기유적Ⅱ,
     12 : 다운동 대골유적
불명- 13 : 장검 유적, 14 : 위양리유적, 15 : 신천동 냉천유적, 16 : 다운동 대골유적

[도 Ⅲ-7] 변성암류 석부 중형일괄

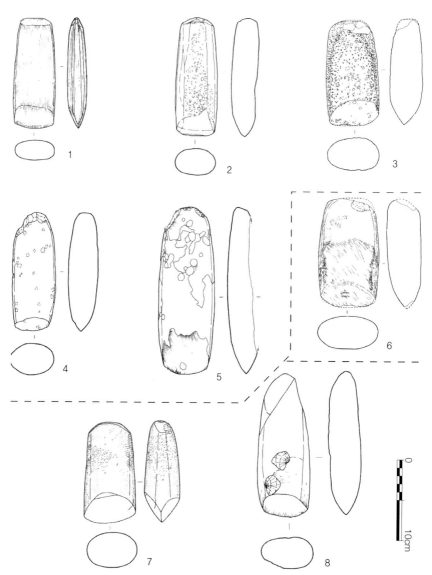

전기- 1·2·5:천곡동유적 나지구, 3:창평동유적, 4:신천동 585-6유적
후기- 6:신현동 황토전유적
불명- 7:신정동유적, 8:다운동 대골유적

[도 Ⅲ-8] 변성암류 석부 대형(1~6), 초대형(7·8) 일괄

인된다. 변성암류 석부가 소량만 확인되어 쇠퇴기로 볼 수 있다.

이상으로 볼 때 울산지역 출토 변성암류 석부는 전기에 출현하여 후기 전반까지 성행하다가 후기 후반에 거의 소멸하는 것으로 보인다.

3) 울산지역의 자연환경

울산은 지리적으로는 한반도의 동남단, 태백산맥의 남단에 위치한다. 본 지역의 지형은 경상북도 장기곶에서 시작하여 방어진에서 끝나는 동대산맥이 남쪽으로 뻗어 방어진 반도를 이루는 일련의 산계로 구성되어 있으며, 경상북도 포항의 영일만-경주시-울산시-장생포-울산만을 연결하는 비교적 완만한 해발 50m 이하의 평야지대를 형성하고 있는 충적지대, 즉 해안 저구릉지대가 발달하고 있다. 그리고 서쪽에는 태백산맥의 남쪽 끝자락이 거의 남북으로 종주하며 경주-언양-양산선에 7개 이상의 1,000m급 산군이 자리잡고 있는 영남알프스가 위치하고 있다. 이를 종합하면 울산시를 중심으로 동쪽은 동해와 접하고, 남서북은 각각 산지로 둘러싸여있는 형상이다.[69]

영남알프스로부터 발원한 하천들은 하천의 길이가 비교적 짧고 집수역이 울산지역으로 제한되어 있으며, 태화강과 회야강, 외황강, 형산강, 동천, 울산동북부의 수계로 구성되어 있다. 울산지역의 하천은 대부분 울산지역에서 발원하여 동해로 유입되므로 외부의 변성암류 석재가 수계에 의해 유입될 가능성은 없다[도 Ⅲ-9].

울산지역의 지질은 약 1억 3,000만 년 전부터 7,500만 년 전 사이에 형성된다. 즉 상부 쥐라기에서 백악기에 속하는 경상계 누층의 일부를 점유하고 있다. 울산광역시의 지질도에 경상누층군이 쌓인 장소를 경상분지라고 한다.[70] 경상분지는 경상남북도 전부를 포함하여 동해 남부 일부와 대마도를

---

69) 최기룡, 2002, 「제1절 자연환경 개관」『울산광역시사1, 역사편』, 울산광역시사편찬위원회.

70) 국립지질광물연구소, 1973, 『울산지역의 지질도』.

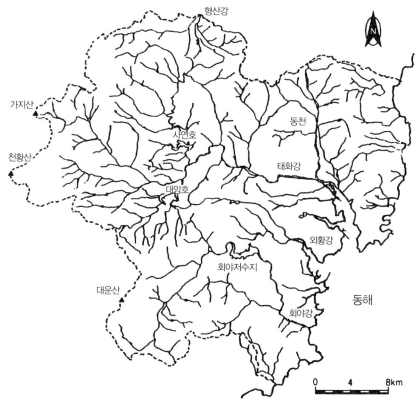

형산강

가지산

동천

사연호

천황산

태화강

대암호

외황강

회야저수지

대운산

동해

회야강

0 4 8km

[도 Ⅲ-9] 울산지역 지형과 수계(환경부 1998)

거쳐 일본 구주의 북부에 이르기까지 펼쳐 있다. 백악기에 속하는 신라통의 퇴적암류는 본 지역의 남부 및 동부지역에 널리 발달되어 있고, 본 통에 속하는 화산암류는 북동부와 남서부에 소규모로 분포한다. 불국사통의 산성 화성암류는 본 역 서북부와 북부, 그리고 동남부에, 제3기에 속하는 안산암류와 역암층은 주로 동부지역에 비교적 광범위하게 발달되어 있다. 본 역은 최하부로부터 대석회암통에 속하는 결정질 석회암층이 달천리 부근에 소규모로 분포한다. 이를 피복하는 신라통의 자색 또는 회색셰일, 사암, 이탄암, 역

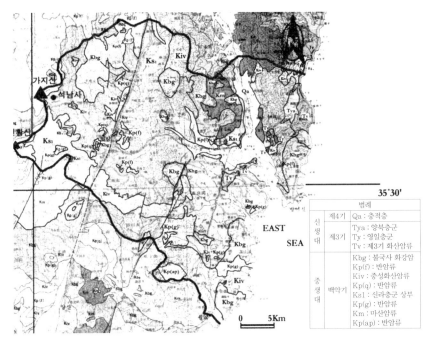

범례		
신생대	제4기	Qa : 충적층
	제3기	Tya : 양북층군
		Ty : 영일층군
		Tv : 제3기 화산암류
중생대	백악기	Kbg : 불국사 화강암
		Kp(f) : 반암류
		Kiv : 중성화산암류
		Kp(q) : 반암류
		Ks1 : 신라층군 상부
		Kp(g) : 반암류
		Km : 마산암류
		Kp(ap) : 반암류

[도 Ⅲ-10] 울산지역 지질도(국립지질광물연구소 1973)

암 등의 호층 및 이들 퇴적물의 일부가 백악기 말엽의 화성활동으로 인하여 접촉변질을 받은 혼펠스 등으로 구성된 울산층과 이들 지층을 관입 또는 분출한 신라통 말엽의 화장산 석영안산암, 대안산 안산암, 전술한 신라통의 누층을 관입한 불국사통의 심성화성암류, 화산암류, 그리고 신라통 불국사통의 고지층을 관입, 분출 또는 피복하는 제3기에 속하는 안산암류, 안산암질 응회암, 역암 등으로 구성되어 있다. 이상 지질학적으로 볼 때 울산지역에서는 혼펠스 이외의 변성암류 암석은 산출되지 않는다[도 Ⅲ-10].

4) 분석 대상 유물 선정

울산지역의 청동기시대 유적에서 출토된 변성암류 석부 중에서 필자가 직접 관찰할 수 있는 유물을 중심으로 하였기 때문에 부득이하게 수습유물이

| A. 반연리유적 | B. 위양리유적 | C. 황토전유적 | D. 신정동유적 |

[도 Ⅲ-11] 울산지역 출토 변성암류 합인석부(필자 촬영)

포함되었다. 그러나 출토 정황상 청동기시대의 유적에서 반출되었을 가능성
이 높기 때문에 석재의 산지추정에는 무리가 없다고 판단된다. 또한 육안상
석부의 암질적 특징이 각각 다를 것을 선택하여 최대한 많은 암석명을 확인
하고자 하였다. 유물의 설명에서 암석명은 보고서에 기재된 것이다.

A. 울산 반연리 가막못유적[71])에서 수습되었다. 유적에서 조사된 청동기
시대의 주거지에서 반출된 것으로 추정된다. 석류석편마암제 합인석부로 규
격은 길이 15.0㎝, 너비 6.8㎝, 두께 3.7㎝이다. 전면 고르게 마연되어 고
타의 흔적은 확인되지 않으며 광택이 있다. 색조는 암회청색이다. 신부에는
0.5~0.7㎝ 정도의 석류석(garnet) 반정이 확인된다. 석부는 풍화되지 않았
으나 석류석은 풍화가 진행되었다. 인부는 사용으로 인한 편마모가 심하게
진행되어 있다.

---

71) 蔚山文化財研究院, 2010, 『蔚山盤淵里가막못遺蹟』.

B. 울산 위양리유적[72])에서 수습되었다. 위양리유적에서는 청동기시대 유구는 확인되지 않았지만 동일한 구릉지에 청동기시대 유적이 분포하는 점으로 볼 때 삼국시대 유구 조성시 반출된 것으로 추정된다. 편마암제 합인석부로 규격은 길이 11.7㎝, 너비 5.3㎝, 두께 3.5㎝이다. 색조는 회청색이다. 전체적으로 마연되었으나 고타흔적이 비교적 많이 남아있다. 미완성품으로 볼 수도 있지만 신부에 0.2㎝ 정도의 석류석(garnet) 반정이 다량 포함된 석재의 특성상 고르게 마연되는 것이 어렵다고 판단된다. 마연된 부분에는 광택이 있다. 석부는 풍화되지 않았으나 석류석은 풍화가 진행되었다. 인부는 사용으로 인해 날 부분이 무뎌져 있다.

C. 울산 신현동 황토전유적[73]) 8호 주거지에서 출토되었다. 석영편마암제 합인석부로 규격은 길이 7.4㎝, 너비 4.4㎝, 두께 3.2㎝이다. 마연된 인부와 신부에는 광택이 있다. 신부에는 유단석부와 같은 단이 약하게 형성되어 있는데 목병에 착창하기 위한 흔적으로 보인다. 석부의 제작은 고타 후 전체적으로 마연하였으나 두부와 신부 일부에 고타 흔적이 잔존한다. 인부는 약하게 편마모가 이루어진 점으로 볼 때 사용된 것으로 판단된다.

D. 울산 신정동유적[74]) 계곡부에서 출토되었다. 안산암제 합인석부로 규격은 길이 12.5㎝, 너비 6.6㎝, 두께 4.5㎝이다. 전면 고르게 마연되어 광택이 있으며 신부의 일부에는 고타흔이 확인된다. 색조는 전체적으로 적갈색을 띠는데 산화철 성분에 의한 것으로 추정된다. 인부는 사용으로 인한 편마모가 심하게 진행되어 있다.

5) 야외조사

전국의 편마암대는 [도 Ⅲ-12]와 같이 영남지역 이외의 지역에 분포하고

---

72) 蔚山文化財硏究院, 2008, 『蔚山 渭陽里 遺蹟』.
73) 蔚山文化財硏究院, 2003, 『蔚山 新峴洞 黃土田 遺蹟』.
74) 蔚山文化財硏究院, 2003, 『蔚山 新亭洞 遺蹟』.

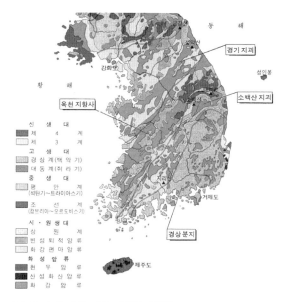

있어 전부를 답사한다는 것은 무리이며 비효율적이다. 따라서 그동안의 시질학적인 언구성과를 토대로 가능성이 높은 지역을 중심으로 표적답사를 실시하고 기타 지역은 부분답사를 실시하였다. 전술하였듯이 울산지역에서 확인된 변성암류 유

[도 Ⅲ-12] 대한 지질도(한국자원연구소 1995)

물 중 석류석이 포함된 점이 특징이다. 석류석이 포함된 암석은 대부분 현미경상에서 확인 가능한 것이며, 지름 5~10㎜ 이상의 반상으로 확인되는 것은 현재까지 태백산편마암복합체가 유일한 것으로 알려져 있다.[75] 즉 유물에 포함되어 있는 석류석으로 볼 때 변성암류의 산출지가 태백산편마암복합체일 가능성이 높다는 결론을 내리고 하천이 발달한 울진지역을 중심으로 현지조사를 실시하였다.[76] 조사는 주변에서 산출되는 암석 종류의 집결지라고 할 수 있는 하천을 중심으로 실시하였다. 조사를 통해 채집된 시료는 [도 Ⅲ-13]의 A~D와 같다. 육안상 유사한 암석으로 추정되는 것을 채집하였다. 채집 장소는 A~C는 경북 울진군 근남면 행곡리로 왕피천 상류에 해당하는

---

75) 尹碩奎·申炳雨, 1963,『지질 도폭 설명서 울진(蔚珍)』, 국립지질조사소.
76) 지질정보에 대해서는 윤선(전 부산대학교 지질학과 교수)이 자문하였다.

유물·시료 번호 동일	출토지	지번 / GPS지점	대체암석 시료	유물
A	상천천			
B	상천천	경북 울진군 근남면 행곡리 1061-1 일원 N36° 58' 12.2" E129° 21' 07.1"		
C	상천천			
D	구고동	경북 울진군 근남면 구산리 1282-1 일원 N36° 45' 36.4" E129° 26' 13.5"		

[도 Ⅲ-13] 대체암석 시료와 유물(필자 촬영)

상천천 일대이다. D는 울진군 근남면 구산리의 노음 초등학교 구고분교 앞을 흐르고 있는 하천일대이다. 대체암석의 채집 지점에 대한 지번 및 GPS지점을 기록하였다.

6) 대체시료의 분석

유물과 채집시료의 동일암석 여부에 대한 판정은 지질학전공 암석학 전문가에 의해 실시되었다.[77] 육안동정결과 시료 A와 B는 반상의 석류석을 포함하고 있는 마제석부, C는 우백색의 합인석부, D는 붉은 색이 감도는 신정동 출토 석부와 동일한 암석으로 판정되었다.

대체시료를 슬라이드로 제작하여 분석한 내용은 아래와 같다.

가) 상천천 A : 석류석 화강암질 편마암

엽리가 발달하지 않은 괴상의 석류석 화강암질 편마암으로 세리에이트(seriate) 조직을 보여주며 석영과 장석이 다량 함유된 단순한 광물 조성을 나타낸다. 구성광물은 석영, 알칼리장석, 사장석, 흑운모, 석류석, 규선석 등이다.

석영은 육안으로 쉽게 식별할 정도로 조립질이며 편광현미경 관찰에서도 중 내지 조립질 입자가 우세하고 세립의 석영 입자도 상대적으로 큰 석영과 장석 사이를 채우고 있다. 타형이고 파랑소광을 보여준다.

알칼리장석은 미사장석이고 전형적인 쌍정(tartan twin)을 보여주거나 퍼어사이트(perthite) 조직을 나타낸다. 사장석에 비해 신선한 편이다.

사장석은 취편상 쌍정을 나타내고 일부는 변질되었다. 일부는 보다 세립질의 사장석에서 미르메카이트(myrmekite) 조직을 관찰할 수 있다.

소량 함유된 흑운모는 반자형 세립이며 황색~녹황색 다색성과 갈색~황갈색 다색성을 띠는 두 가지 유형으로 나타나는데, 전자는 후퇴변성작용으로 생성된 것으로 사료된다. 일부 녹색의 흑운모가 석류석 균열부를 따라 채워

---

77) 시료의 슬라이드는 김석곤(서울대학교 연마편제작실)이 제작하였으며, 현미경 분석은 이상원(부산대학교 사범대학 지구과학교육과 교수)이 실시하였다. 본문 내용은 분석자의 원문 내용을 최대한 유지하였다. 암석의 동정은 윤선(전 부산대학교 지질학과 교수), 이상원(부산대학교 사범대학 지구과학교육과 교수)이 하였다. 지질학에서도 모든 암석을 파괴분석 할 수 없으므로 표본암석을 분석한 후 육안동정을 실시한다.

[도 Ⅲ-14] 상천천 A : 석류석 화강암질 편마암(×20)

져 있는데 후퇴변성을 지시하는 증거이다.

석류석은 반상변정으로 출현하며 평균 3~5㎜ 크기이나 그 이상의 것도 관찰된다. 불규칙한 균열이 내부에 발달하고 그 사이를 녹색 흑운모나 이차적으로 생성된 미세한 광물들이 채우고 있다. 일부는 규석선(섬유상 다발)으로 추정되는 광물을 둘러싼 형태를 보여준다.

규선석은 거의 2차 광물로 변하여 있어 원래 결정형태를 확인하기 어려우며, 2차 광물의 형태적 특성으로부터 섬유상의 규선석으로 유추할 정도이다.

이 암석이 석영-장석질 암석임을 고려하면 모암이 화강암질암이나 사질암으로 추정된다.

나) 상천천 B : 석류석-근청석-흑운모 편암

육안으로 암색을 띠는 세립질 기질에 석류석이 반상변정으로 뚜렷하게 식별되는 암석이다. 그러나 편광현미경 관찰에서 근청석이 역시 반상변정으로 출현하고 기질부는 거의 균질한 입도의 석영과 사장석 그리고 흑운모로 구성된 반상변정질 조직을 띠는 변성사암이다. 흑운모가 미약한 엽리를 이루고 있다. 주요 구성광물은 석영, 흑운모, 사장석, 근청석, 석류석이다.

석영은 가장 많이 함유된 광물로서 외형이 반듯한 다각형(polygonal) 형태

[도 Ⅲ-15] 상천천 B : 석류석-근청석-흑운모 편암(×40)

이고 세 결정의 경계부가 대략 120°를 이루고 있다. 이는 상당히 고온에서 변성되었을 가능성을 지시한다. 장석은 거의 사장석이고 신선하며 희미한 쌍정을 보여준다. 대체로 타형 내지 반자형을 이루고 석영과 함께 균질한 등립상 조직을 나타낸다.

흑운모는 역시 세립질이며 반자형 내지 자형 결정으로 미약한 엽리를 이루고 있다. 황색~갈색에 이르는 다색성을 띠며 변질되지 않고 깨끗하다.

석류석은 반상변정으로 나타나는데 그 크기는 3~6㎜이고 타형이다. 내부에 세립의 다른 결정을 많이 포유하고 있다.

근청석은 두 종류로 판단되는데, 석영, 장석과 함께 기질부를 이루는 것과 큰 반상변정 형태로 나타나는 것이다. 전자는 상대적으로 입자가 작으며(1㎜ 내외) 변질되어 관찰되는 반면에 후자는 보다 큰 결정(3㎜ 전후)으로 신선하며 내부에 많은 포유물을 가지며 미약하지만 뚜렷한 취편상 쌍정 형태를 보여주기도 한다. 이 경우 형태는 대체로 장축을 갖는 타원형이다.

이 암석은 조직과 광물 조성으로 기원암이 사암이라는 것을 쉽게 판단할 수 있다.

다) 상천천 C : 우백질 화강편마암

이 암석은 극소량의 흑운모와 백운모를 함유하는 세리에이트 조직을 나타
내는 화강암과 흡사한데, 육안으로 미약한 엽리가 관찰되어 편마암으로 판단
할 수 있다. 주요 광물은 석영과 알칼리장석이고 그 외 소량의 사장석과 극
소량의 흑운모와 백운모가 함유되어 있어, 우백질 화강암이 기원암일 것으로
추정된다.

석영은 대체로 직소광을 하며 조립질에서 세립질에 이르는 다양한 크기를
보여주지만 중리의 입자가 우세하다(2~3㎜).

알칼리장석은 미사장석이며 크기가 3~5㎜ 정도이나 더 큰 입자도 관찰된
다. 사장석보다 훨씬 많이 함유되어 있고 상대적으로 더 신선한 편이다. 일
부는 퍼어사이트 조직을 보여준다.

사장석은 상대적으로 세립이고(2㎜ 이하) 일부는 다소 변질되어 있다. 세
립의 석영, 알칼리장석과 함께 큰 석영과 미사장석 사이를 충진하거나 큰
결정 내부에 포유되어 있으며, 소규모의 미르매카이트 조직을 나타내기도
한다.

흑운모는 타형~반자형 세립이고 일부는 녹니석화되었다. 표품에서는 미

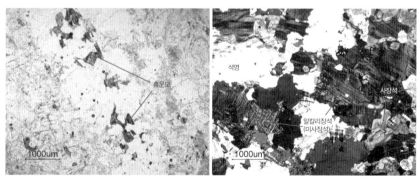

[도 Ⅲ-16] 상천천 C : 우백질 화강편마암(×20)

약한 엽리를 이루지만 편광현미경 아래에서 전혀 확인되지 않는다.

백운모는 극소량의 2차적 생성물로 관찰된다.

라) 구산리 구고동 D : 규암

표품은 핑크색을 띠는 규암이어서 쉽게 모암을 추정할 수 있는 암석이다. 편광현미경 아래에서 백운모의 미약한 엽리를 확인할 수 있다. 구성광물은 석영이 주성분이며 백운모, 경녹니석, 석류석, 녹니석 등이 함유되어 있다.

주성분 광물인 석영은 세립의 타형 결정으로서 최대 크기는 1.5~2mm 정도이다. 백운모 역시 세립이며 평행 배열해 미약하게 엽리를 이룬다.

경녹니석은 녹색~황녹색, 녹색~회록색 또는 청녹색 계열의 다양한 다색성을 띠고 타형이며, 소량 출현하며 내부에 균열부가 발달하여 있다.

석류석은 타형이고 입도는 최대 2mm 내외이다. 내부에 불규칙한 균열부가 발달되고 일부는 녹색 흑운모로 채워져 있다.

녹니석은 타형 내지 반자형이고 1mm 내외의 크기인데 백운모보다 입자가 크고 엽리에 거의 평행하게 산출한다. 기원암은 세립 사암이다.

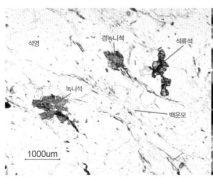

[도 Ⅲ-17] 구산리 구고동 D : 규암(×40)

7) 결과

이상으로 울산지역에서 확인되는 변성암류 석부의 암석은 석류석 화강암질 편마암, 석류석-근청석-흑운모 편암, 우백질 화강편마암, 규암으로 4종이 확인되었다.[78] 한반도 동남부지역인 울산지역에서 가장 가까운 곳에서 이러한 암석이 분포하는 지역은 평해와 울진지역이다. 평해 이남에서 울산을 포함하는 동부경남지대에는 이러한 변성암은 분포하지 않는다. 하동-합천-성주-안동-영양-평해를 연결하는 선상의 동남부지역을 경상분지라하는데, 이 분지 내에는 편마암, 편암 등의 변성암류는 분포하고 있지 않다. 경상분지 *以西*의 지리산지역을 중심으로 하는 변성암지역의 변성암류를 소백산편마암복합체라고 하며, 호상 편마암, 반상변정 편마암, 혼성암질 및 화강암질 편마암으로 주로 구성되어 있다. 이와는 달리, 평해~울진지역을 포함하는 태백산편마암체의 변성암류에는 소백산편마암복합체에서는 보고된 바가 없는 규암이 분포하고 있으며 또한 소백산편마암체서는 드물게 산출하는 석류석 화강암질 편마암이 많이 산출된다.[79] 이와 같이 경상분지 *以西*와 *以北*의 변성암류 분포에 있어서 뚜렷한 차이점은 규암과 석류석 화강암질 편마암의 분포이다. 지리산지역의 변성암류에서는 규암이 보고된 바가 없다. 그러므로 규암제 석기와 석류석 화강암질 석기를 만든 원암은 평해~울진지역을 포함한 태백산편마암복합체로부터 기원되었다고 해석하는 것이 합리적이다.

---

78) 변성암류는 원암의 종류에 따라 다양하게 산출되므로 이번에 확인된 4종의 암석 외에 추가될 가능성이 높다. 그러나 큰 틀에서 변성암류로 분류할 수 있는 점은 공통되므로 적어도 울진과 울산지역에서 확인되는 이명의 변성암류도 태백산편마암복합체를 기원지로 설정할 수 있을 것이다.

79) 金玉準 외, 1963,「울진도폭」『한국지질도』, 국립지질조사소.
尹碩奎·申炳雨, 1963,「평해도폭」『한국지질도』, 국립지질조사소.
나기창, 1999,「제2장 층서 제1절 선캠브리아 이언층」『한국의지질』, 대한지질학회.

2. 강화 신봉리유적 석기 석재의 산지

가. 연구방법

강화도는 육지와 분리된 도서지역으로서 외부의 암석이 확인될 가능성은 희박하다. 따라서 강화도 내에서 산출되지 않는 석재가 유적에서 확인된다면 인위적인 활동에 의해 반입되었을 가능성이 높다. 이러한 점으로 볼 때 지리적으로 외부와 차단되어 있는 도서지역은 석재의 산지연구에 있어서 좋은 조건을 갖추고 있는 것이다.

이러한 상황을 인식하고 강화도 신봉리유적에서 출토된 석기를 분석한 결과, 석기에 사용된 석재의 종류는 5종이다. 이중 약 3종의 석재가 강화도에서 산출되지 않는 것으로 확인되어 그 산지를 추정하고자 한다.

연구방법은 먼저 석재의 분석을 토대로 유적 주변 지질도를 검토하여 조사지를 설정하였다. 다음은 현지조사를 통해 석재의 산지를 확인하는 것이다. 결론으로서 원거리 석재로 제작된 유물의 반입 배경에 대해 추정해 보도록 하겠다.

나. 유적의 검토

1) 신봉리유적의 환경

강화도는 인천광역시 강화군에 속해있는 섬으로 지질시대에는 김포반도에 연결된 육지였으나 염하의 침식작용에 의해 분리되어 도서가 되었으며, 대체로 고도가 낮지만 구릉지가 발달된 서해안의 다른 지역에 비해 산지의 분포가 높으며, 경사도 급한 편이다. 강화도는 간척사업이 이루어지기 이전에는 몇 개의 섬으로 이루어진 곳으로 알려져 있다.

신봉리유적은 인화–강화 구간 내 도로건설 공사에 앞서 발굴조사 된 유적이다.[80] 유적은 강화도의 가장 북단에 위치한 양사면에 있으며, 해발 291m의 봉천산으로부터 남쪽으로 뻗어 내린 구릉의 사면부에 위치해 북풍을 피하고 일조량이 좋은 위치이다. 또한 이곳은 과거 동쪽과 서쪽으로 항해를 하기에 유리한 입지이며 선박의 정박에도 유리한 지형적 요건을 갖추고 있다.

강화도에서 청동기시대의 유적은 대부분 지석묘유적이며, 생활유적은 삼거리에서 주거지 1기가 확인되었을 뿐이다. 신봉리유적은 강화지역에서 발굴조사 된 청동기시대의 취락유적으로서 강화지역 청동기시대 연구의 새로운 전기가 될 것으로 기대되는 유적이라고 할 수 있다.[81]

2) 유적의 편년

신봉리유적의 편년은 기존의 연구성과를 수용하여 검토해 보고자 한다. 신봉리유적에서 출토된 토기군을 살펴보면 크게 두 가지로 구분되는데 먼저 구연단에 점토대를 돌리고 내부에 단사선을 시문한 토기로서 소위 팽이형토기의 구연부와 매우 유사한 특징을 보인다. 다른 한 가지는 흔암리유형 토기에 해당하는 것이다. 석기군은 주로 석검, 석촉, 석도, 석부 등이 출토되었는데 서북한지역의 대동강유역과 유사한 양상으로 확인된다. 그런데 팽이형토기로 추정되는 토기군이 완전한 개체로 복원되는 기형이 없어 정확히 알 수는 없지만, 공반된 저부의 양상이 대부분 전형 팽이형토기보다는 지름이 넓다. 이런 점으로 본다면 팽이형토기 문화가 남하하면서 재지의 토기문화와 결합되었을 가능성을 높다.[82] 반면 토기에 비해 기능적 측면이 강한 석기는 대체로 서북한지역의 형태를 유지하고 있는 것으로 보인다[도 Ⅲ-18·19]. 이를 통해 볼 때 유적의 시기는 팽이형토기와 흔암리유형에 걸쳐 형성된 청동기시대 전기에 해당한다고 볼 수 있다.

80) 김정인·오운석, 2013, 『江華 新鳳里·長井里 遺蹟』, 中原文化財研究院.
81) 오운석, 2013, 『江華 新鳳里·長井里 遺蹟』Ⅵ고찰, 中原文化財研究院.
82) 강병학, 2013, 「서울·경기지역의 조기-전기문화 편년」『한국 청동기시대 편년』, 서경문화사.

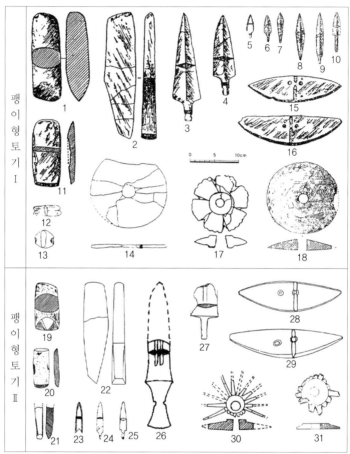

팽이형토기 I

팽이형토기 II

1~4·11·15·16：심촌리, 5：표대 I , 6~10·12·18：신흥동, 13·14：남경Ⅲ
기, 17：주암리, 19~21·23·26：표대Ⅱ기, 22：석탄리14호, 24·27·31：고
연리 I 기, 25·28·29：남경Ⅳ기, 30：석탄리7호
(14는 1/25, 30은 1/10, 나머지는 1/7 축소)

[도 Ⅲ-18] 대동강유역 석기의 변천(배진성 2007, 도15 전재)

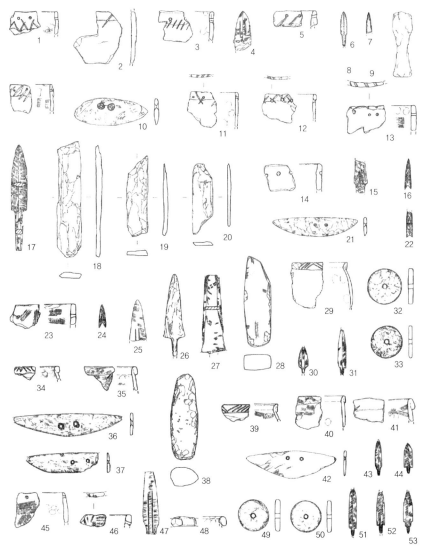

1：3-1호주거지, 2~4：3-2호주거지, 5~8：3-3호주거지, 9·10：3-4호주거지, 11~16：3-5
호주거지, 17~22：3-1호소성유구, 23~25：3-6호주거지, 45·46：3-7호주거지, 26~33：
4-1호주거지, 34~38：4-2호주거지, 39~44：4-3호주거지, 47~53：4-5호주거지

[도 Ⅲ-19] 신봉리유적 출토유물(축척부동, 中原文化財研究院 2013)

다. 석기 분석

석기의 분석은 육안 동정에 의해 이루어졌다. 유적에서 출토된 54점의 유물을 대상으로 하였으며 확인된 석재의 종류는 5종이다[표 Ⅲ-3].

분석결과를 살펴보면 이암이 67%로 가장 높게 확인된다[도

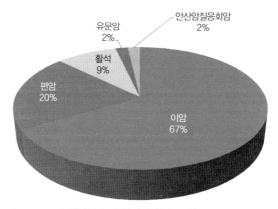

[도 Ⅲ-20] 신봉리유적 석기의 석재 구성

Ⅲ-20]. 이암으로 제작된 유물은 석검, 석촉, 석창, 반월형석도 등인데 특히 석검과 석촉이 많다. 또한 석재의 대부분도 이암인데 미완성품과 규격 등으로 볼 때 석촉, 석검, 석창을 제작하기위한 것으로 추정된다. 다음은 편암으로 20% 정도인데 마제석검, 석촉의 일부를 제작하였고 특히 반월형석도에서 높은 비율을 나타낸다. 활석은 9% 정도 사용되었는데 석촉 한 점을 제외하면 모두 방추차이다. 그리고 유문암과 안산암질응회암은 각각 지석과 주상편인석부의 제작에 사용되었다.

이중에서 일반적으로 석기를 제작하지 않는 활석제 유물이 주목된다. 활석은 자연산 광물 중 경도가 가장 낮은 것으로 칼에 쉽게 긁힌다. 따라서 고고유물에서는 수렵구, 가공구 등에는 적합하지 않은 석재로 알려져 있으나 석촉으로 제작된 점이 특이하다. 활석은 선사시대 보다는 주로 삼국시대 이후에 활용도가 높아지는데 용기 또는 조각의 제작에 활용된다. 활석의 특징은 표면의 촉감이 비누처럼 부드럽고 매끄러워 脂肪感을 준다. 색깔은 순수한 성분일 때는 백색을 띠나 불순물의 함유량에 따라 녹색을 띤다. 활석은 '곱돌'이라는 이름으로 많이 통용되어 왔고, 독특하게 매끄러운 성질과 연한 경도

[표 Ⅲ-3] 신봉리유적 출토유물 석재 분석(기종별 나열)

출토지	유물명	암석명	비고	출토지	유물명	암석명	비고
3지점 2호 주거지	석겸	이암	완성품4	4지점 5호 주거지	석촉	이암	완성품
3지점 3호 주거지	석겸	편암	완성품8	4지점 5호 주거지	석촉	편암	완성품
3지점 6호 주거지	석겸	편암	완성품	4지점 지표	석촉	활석	완성품
3지점 1호 소성유구	석심	이암	완성품17	3지점 5호 주거지	석창	이암	완성품15
4지점 1호 주거지	석겸	이암	완성품	4지점 1호 주거지	주상편인석부	안산암질 응회암	완성품
4지점 1호 주거지	석겸	이암	완성품
4지점 5호 주거지	석겸	편암	완성품	4지점 2호 주거지	주상편인석부	사질이암	미완성품
4지점 5호 주거지	석겸	이암	완성품	4지점 지표	반월형석도	편암	완성품
3지점 3호 주거지	석촉	이암	완성품6	3지점 4호 주거지	반월형석도	사질이암	완성품10
3지점 3호 주거지	석촉	이암	완성품7	3지점 6호 주거지	반월형석도	편암	완성품
3지점 3호 주거지	석촉	이암	미완성품	4지점 2호 주거지	반월형석도	편암	완성품
3지점 5호 주거지	석촉	이암	완성품16	4지점 2호 주거지	반월형석도	편암	완성품
3지점 5호 주거지	석촉	이암	완성품	4지점 2호 주거지	반월형석도	편암	완성품
3지점 6호 주거지	석촉	이암	완성품	4지점 3호 주거지	반월형석도	이암	완성품
3지점 6호 주거지	석촉	이암	미완성품	4지점 1호 주거지	방추차	활석	완성품
3지점 1호 소성유구	석촉	이암	완성품	4지점 1호 주거지	방추차	활석	완성품
3지점 1호 소성유구	석촉	이암	완성품	4지점 5호 주거지	방추차	활석	완성품
3지점 1호 소성유구	석촉	이암	미완성품	4지점 5호 주거지	방추차	활석	완성품
3지점 1호 소성유구	석촉	이암	미완성품	4지점 5호 주거지	지석	유문암	완성품
3지점 1호 소성유구	석촉	이암	미완성품	4지점 5호 주거지	미완성석기	이암	미완성품
3지점 지표	석촉	이암	완성품	3지점 7호 주거지	석촉미제품	이암	미완성품
4지점 1호 주거지	석촉	이암	완성품	3지점 1호 소성유구	석재	이암	미완성품18
4지점 1호 주거지	석촉	편암	완성품	3지점 1호 소성유구	석재	이암	미완성품19
4지점 1호 주거지	석촉	편암	완성품	3지점 1호 소성유구	석재	이암	미완성품20
4지점 3호 주거지	석촉	이암	완성품	3지점 1호 소성유구	석재	이암	미완성품
4지점 3호 주거지	석촉	이암	완성품	3지점 1호 소성유구	석재	이암	미완성품
4지점 5호 주거지	석촉	이암	완성품	4지점 2호 주거지	불명석기	이암	미완성품
4지점 5호 주거지	석촉	이암	완성품				

때문에 석기와 기타 조각용으로 이용되어 왔다. 활석은 白雲岩과 마그네사이트(magnesite)가 이차적으로 변질되거나 초염기성암인 蛇文石이 熱水變質되어 생성되는 것으로, 전자의 경우가 비교적 순도가 높다.

이상과 같이 신봉리유적 출토 석기의 암질 구성을 검토한 결과 석재의 선택은 기종별로 특정한 석재를 사용하였던 것으로 확인된다.[83]

라. 야외조사

1) 강화도의 지질

강화도 북부와 석모도 지역에는 [표 Ⅲ-3]과 같이 기반암인 선캄브리아기의 편마암, 결정질 석회암이 분포하고 있으며 이를 관입한 중생대 흑운모 화강암과 백악기 각섬석 화강섬록암이 분포하고 있다. 또한 암맥상으로 중생대 백악기 세립질 흑운모 화강암이 관입하였다. 유적이 입지한 하점면과 양사면은 흑운모화강암, 화강편마암, 흑운모편마암으로 구성된 지질을 기반으로 하고 있다. 조사대상지는 직접적으로 화강편마암대에 형성되어 있다. 전술하였듯이 이곳은 청동기시대에 독립된 섬일 가능성이 높아 유적에서 확인된 대부분의 석재는 외부로부터 반입되었을 가능성이 높다.

2) 야외조사

유물의 검토결과 확인된 5종의 암석은 이암, 안산암질응회암, 편암, 유문암, 활석이다. 먼저 강화도 내에 이러한 암석의 분포여부를 확인한 결과 편암과 안산암질응회암이 확인되어 조사지로 선정하였다. 다음은 강화도 내에 분포하지 않은 암석 중에서 이암과 활석을 지질도상에서 검토한 결과 이암은 유적에서 약 20㎞ 정도 이격된 김포 부근의 문수산층과 통진층에 분포하지만 활석 분포는 확인하지 못하였다. 그리고 유문암으로 제작된 지석은 특별

---

83) 황창한, 2007, 「岩石의 分析方法과 考古學的 適用」『東亞文化 2·3』, 東亞細亞文化財研究院.

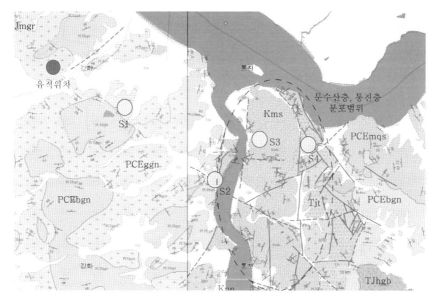

Jmgr : 흑운모화강암, PCEbgn : 경기변성암복합체(흑운모편마암), PCEbggn : 화강편마암,
TJhgb : 각섬석반려암, PCEmqs : 백운모석영장석질편암, Kan : 안산암류, Kms : 문수산층(역
암, 사암, 이암), Tjt : 통진층(흑색 셰일, 담회색 사암, 탄질 셰일)

[도 Ⅲ-21] 강화도 지질도 및 야외조사 위치도
(한국지질자원연구원 https://www.kigam.re.kr)

한 의미를 부여할 만큼 중요한 유물이 아니고 일반적으로 화강암 분포지역에
소규모로 산출될 가능성이 높아 주 검토대상에서 제외하였다.[84]

조사 방법은 일반적으로 주변의 암석이 퇴적된 하천을 검토하여 어떠한 암
석이 상류에 분포하는가를 확인하는 것이 우선이다. 그러나 강화도의 지질은
앞서 살펴본 바와 같이 한천의 발달이 빈약하다. 따라서 노두를 직접 확인하
는 방법을 선택하였다.

---

84) 유적이 입지한 곳의 지질도 화강편마암 지대이며 이곳에서 5㎞ 이내에 화강암 지대
　　가 확인된다. 이곳에 소규모로 유문암이 분포할 가능성이 높다고 판단된다.

조사범위는 일반적으로 10㎞ 이내로 실시하지만 필요한 경우 20㎞ 정도로 확대하였다. 조사지점은 [도 Ⅲ-21]에 표시하였고 모든 사진은 필자가 직접 촬영하였다.

가) 이암

이암[85]으로 제작된 유물은 석검, 석촉, 석도 등이다. 이암의 색조는 흑색, 청색, 자색으로 구분되는데 이러한 석재는 유적주변에서는 산출되지 않는다. 이암의 분포는 강화도의 서쪽에 해당하는 김포 일대에 남북으로 넓게 분포하는데 지질도상 통진층과 문수산층이다. 지질도에 의하면 통진층은 전기 원생대 지층을 기반암으로 하는 중생대 퇴적분지의 최하위 지층으로 김포 반도의 월곳면과 대곳면에 분포하며, 남쪽의 김포로 연장된다. 통진층은 흑색 셰일과 암회색 세립질 사암으로 구성되며, 탄질 셰일과 탄층이 상부에 협재된다. 흑색 셰일은 미립의 석영, 장석, 운모편으로 이루어진다.

문수산층은 중생대 쐐기형 퇴적분지의 북서쪽인 월곳면의 강화해협을 따라 직사각형으로 넓게 분포한다. 이 층의 일부는 강화도 북동단에 발달해 있다. 이 층은 주로 저색의 암상을 띠는 것이 특징으로 구성암은 저색 역암, 녹

[도 Ⅲ-22] 통진층([도 Ⅲ-21]의 S4지점 일대의 전경 및 노출상태)

---

85) 본고에서 이암은 지질도상의 셰일과 동일한 암석임을 밝혀둔다.

[도 Ⅲ-23] 문수산층([도 Ⅲ-21]의 S3지점 일대의 전경 및 노출상태)

회색 역질 사암, 유백색 역암, 저색 역질 사암으로 구성된다.

현지를 답사한 결과 지질도와 동일한 양상으로 문수산층에서는 적색역암, 저색세립사암, 저색실트암 등이 확인되었으며, 통진층에서는 흑색세일, 담회색사암 등이 확인되었다.

나) 편암

유물에서 확인되는 편암은 회백색, 흑색을 띠는데 운모가 다량 포함되어 있으며, 연질인 점이 특징이다. 이러한 편암은 지질도상에서 유적주변을 포함한 도서는 물론 김포일대에서도 산출지가 많아 쉽게 채집할 수 있을 것으로 생각되었다. 그러나 현지를 답사한 결과 이러한 흑색의 편암과 회백색 편암은 일대에서 확인 할 수 없었다.

유적주변의 대표적 편암은 온수리편암과 장봉편암으로 구분된다. 조사대상지 S1의 온수리편암은 웅진군 신도의 왕봉산, 안산 부근에 분포하는데 주로 백운모편암, 석회질편암, 결정질석회암, 석영편암 등으로 구성된다. 장봉편암은 교동도 서쪽이 인사리, 삼선리, 양갑리에 분포하는데 변성정도가 높아 어느 정도 우흑대와 우백대의 분리가 일어났으나, 편마구조까지는 발달하지 못했다. 이러한 유적 주변의 편암은 유물로 제작된 편암과 괴리가 있어 이곳의 편암을 유물로 제작했을 가능성은 회의적이다. 이와같이 유적에 인접

[도 Ⅲ-24] 편암(1 : [도 Ⅲ-21]의 S1지점, 2 : [도 Ⅲ-19]의 S5 일대의 노출상태)

한 편암지대의 석재는 석기와 괴리가 있어 이암이 확인된 통진층의 서쪽에 경기화강암복합체 백운모석영장석질편암대가 넓게 분포하고 있어 이곳까지 확대하여 조사하였다. 조사대상지 S5이다. 이곳을 답사한 결과 단애면에서 편암체의 실체를 확인한 결과 유물과는 이질적인 편암으로 확인되었다[도 Ⅲ-24]. 따라서 유물로 제작된 편암제 석기류는 유적으로부터 20㎞ 이내에는 산출되지 않는 것으로 판단된다.

다) 안산암질응회암

안산암질응회암으로 제작된 유물은 주상편인석부 1점이 확인되었다. 유물의 표면은 암청록색을 띠는데 약하게 풍화가 진행되었다. 이번에 확인한 바

[도 Ⅲ-25] 안산암질응회암([도 Ⅲ-22]의 S2지점 일대의 전경 및 노출상태)

에 의하면 S2 지점의 절개면에서 안산암질 석재가 확인되었다[도 Ⅲ-25]. 안산암의 산출상태는 괴상으로 절리되며 노두와 단애면에 노출되어 있어 비교적 채취에도 용이하다. 이러한 안산암은 강화도의 동쪽 해안에 부분적으로 확인되며 풍화된 석재의 상태도 암청색~암회색을 띠어 유물과 동일한 양상이다.

라) 활석

활석의 산지는 이번 야외조사에서 직접적으로 확인할 수는 없었다. 다만 이러한 방추차를 활석으로 제작한 경우는 호서지역의 경우를 제외하면 대부분 유문암 또는 퇴적암류로 제작되는 경우가 많아서 이러한 암질의 차이도 지역적인 차이로 추정된다. 우리나라에서 활석의 산출상태는 백운암질 석회암이 변질되어 생성된 것과 사문암이 열수변질되어 생성된 것의 두 종류가 모두 나타난다. 전자의 유형에 속하는 것은 충청북도 충주지역에 집중적으로 분포하며, 후자의 유형에 속하는 것은 경기도 광주지역과 충청남도 예산지역에 많이 분포한다.[86]

마) 결과

유물에서 확인된 5종의 석재들은 유적에서 비교적 근거리인 20㎞를 전후한 지역에서 분포하는 것과 분포하지 않는 것으로 구분된다. 결론적으로 이암, 유문암, 안산암질응회암은 근거리에서 편암, 활석은 원거리에서 반입된 것으로 추정되는데 각 석재별 산지를 검토하면 다음과 같다.

이암은 유물구성에서 가장 높은 비율을 차지하고 있는데 가장 인접한 지역의 산지는 유적에서 동쪽으로 10~15㎞ 정도 떨어진 지점에서 확인된다[도 Ⅲ-21·26]. 가장 근거리는 김포에서 강화대교를 건넌 지점의 북쪽과 남쪽의 구릉에 해당하는데 문수산층의 서쪽 경계지점에 해당한다. 이곳의 이암

---

86) 김옥준, 1991, 『한국지질과 광물자원』, 춘광출판사.

분포상은 노두에 대량으로 노출된 것은 아니고 현재 해안도로 건설에 의해 노출되어 있다. 따라서 이곳을 직접적인 산지로 비정하는 것은 곤란하다. 반면 강화도에서 김포방향으로 강화대교를 건넌 지점에 문수산층과 통진층이 남북방향으로 약 20㎞ 정도로 길게 형성되어 있으며, 야외조사에서도 확인한 바와 같이 석재를 채취하기에 적당한 노두가 곳곳에 노출되어 있다. 또한 해안가의 단애면에도 층리가 발달한 이암, 사암의 호층이 노출되어 석재의 채취 장소로서 적합하다. 따라서 이암의 산지는 김포일대에 남북으로 형성되어 있는 통진층과 문수산층으로 비정하는 것이 합리적이라고 판단된다.

유문암으로 관찰되는 석기는 지석 1점인데 기존에는 규장암으로 명명되던 암석과 동일하다. 이 석재는 입자가 곱기 때문에 타격용으로는 적합하지 않고 주로 석도, 지석, 방추차 등의 제작에 활용된다. 본 석재는 유적 일대의 화강암산지 주변에서 채취가 가능하므로 인접지역에서 조달했을 것으로 추정된다.

안산암질응회암은 강화도의 동쪽 해안가에서 일부 확인된다. 유적으로부터 동남쪽으로 10~15㎞ 정도 떨어진 지점이다. 주상편인석부는 영남지역의 경우 대부분 혼펠스로 제작되는데 이 유적에서는 안산암과 이암으로 제작된 점이 특이하다. 이러한 현상은 앞서 살펴본 바와 같이 지역별 석재의 선택에 의한 것으로 생각된다. 그러나 한 유적에서 주상편인석부의 석재가 두 가지 이상으로 확인된 것은 이례적이다. 이러한 원인은 견고한 석재인 안산암을 원활히 채취할 수 없었거나 이암제 주상편인석부의 다른 용도 등을 생각해 볼 수 있다.

편암은 유물구성에서 이암 다음으로 많이 확인되었다. 편암의 산지는 유적 주변은 물론 인접 도서 및 김포 일대에 넓게 분포해 쉽게 산지를 확인할 수 있을 것으로 기대하였다. 그러나 현지 답사결과 유물로 제작된 편암과 야외조사에서 확인된 편암과는 괴리가 있음이 확인되었다. 유물로 제작된 편암은 회백색과 흑색을 띠는 편암으로 입자가 고르며 경도는 연질인 반면 야외조사에서 확인된 편암은 입자가 거칠고 경도 또한 규질성분이 다량 포함되어 견고한 것이 특징이다. 따라서 강화도를 포함한 주변 도서와 김포의 동쪽 일대에 편암산지가 분포하지만 유적에서 출토된 편암과 직접적으로 연결시키는 것은 곤란하다. 그렇다면 유물을 제작한 연질의 흑색편암과 회백색 편암은 생각보다 원거리에서 반입되었을 가능성이 높다고 판단된다.[87] 지형적으로 볼 때 도서지역인 유적에서 동쪽으로 원거리를 이동하여 내륙으로 이동하기보다는 크고 작은 도서를 징검다리 삼아 남쪽의 호서지역으로 이동하는 것이 훨씬 수월했을 것으로 추정할 수 있다. 물론 역으로 호서지역 집단이 도서

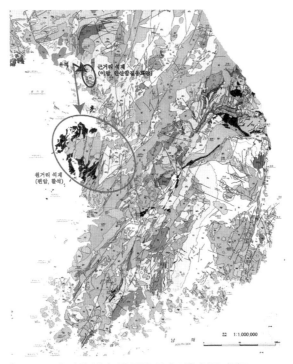

[도 Ⅲ-26] 강화 신봉리유적의 석재 이용 한국지질도
(한국자원연구소 1995)

---

87) 필자가 실견한 호서지역의 편암제 유물과 유사한 양상이다.

를 이용해 이곳 집단과의 교류도 가능했을 것으로 볼 수 있다. 지질도상에서 이러한 흑색편암을 포함한 회백색편암의 산지가 [도 Ⅲ-26]과 같이 태안반도를 포함한 호서지역의 내륙에 집중적으로 분포한다.[88)]

활석은 방추차와 석촉에서 확인되었다. 유물에서 확인된 석재 중 가장 특징적인 암석이다. 방추차는 기능상 특별한 석재를 필요로 하지 않는 것이 일반적이다. 석제 또는 토제로 제작하여도 기능적상 아무런 문제가 없기 때문이다. 따라서 토제 방추차의 경우 직접 제작하여 소성하기도 하지만 깨진 용기편을 재활용하여 제작되기도 한다. 반면 석제 방추차는 대부분 제작하기 쉬운 석재를 선택한다. 이러한 상황으로 볼 때 유적 주변에서 쉽게 채취 가능한 유문암 이암 등이 분포함에도 불구하고 활석으로 제작된 것은 집단의 전통성이 강하게 반영된 석재임이 틀림없다고 판단된다. 활석의 산지는 충청북도 충주지역과 충청남도 예산지역에 집중적으로 분포하는 것으로 알려져 있는데 아산 명암리 유적의 보고서가 주목된다.[89)] 명암리 유적에서 출토된 석기 중에서 활석으로 제작된 석재의 산지를 추정한 결과 유적에서 인접지역인 것으로 확인되고 있다. 신봉리와 명암리에서 출토된 방추차의 색조와 유사한 것으로 판단된다.[90)]

이상과 같이 활석은 특징적인 암석으로서 산지가 특정되어 있는 것을 알 수 있다. 따라서 신봉리유적의 활석 산지는 강화도에서 남쪽으로 100㎞ 이상 떨어져 있는 태안반도 내륙의 호서지역 일원으로 비정해 두고자 한다.[91)]

88) 이러한 추론이 타당하다면 신봉리유적의 편암제 유물에 사용된 석재의 산지는 태안반도와 호서지역에 분포하는 편암지대로 비정할 수 있다. 이곳의 석재 또는 석제품의 유통 경위에 대해서는 앞으로의 과제이다.

89) 충청문화재연구원, 2011, 『아산 명암리유적(12지점)』.

90) 도판을 통한 비교임을 밝혀둔다.

91) 신봉리유적의 석기류는 팽이형토기문화권과 관계가 있다. 따라서 서북한지역의 석재에 대한 정보를 파악하지 못한 것이 본고의 한계이다. 그러나 신봉리유적은 흔암리유형과의 교집합적인 양상도 확인되므로 활석 산지를 호서지역으로 비정해도 무방할

3. 마제석검 제작용 혼펠스 산지

가. 연구방법

한국 청동기시대를 대표하는 석기로 시대명을 정한다면 아마도 '마제석검의 시대'라는 명칭이 가장 잘 어울릴 것으로 생각된다. 그만큼 청동기시대를 상징하는 유물로서 중요성이 인정되기 때문일 것이다. 석검에 대한 전반적인 연구성과와 의미에 대해서는 다음절에서 다루고자하며 여기서는 마제석검을 제작할 수 있는 석재중 하나인 혼펠스의 산지에 대해서 살펴보고자 한다. 마제석검의 제작은 각 지역별로 적합한 석재를 선택하여 이루어지지만 유절병식석검 단계부터는 혼펠스로 제작되는 제품이 증가하는 것이 특징이다[도 Ⅲ-27]. 또한 유절병식석검 단계에 접어들면서 석검의 형태가 정형성을 띠며 대형화 되는 현상이 두드러지기 시작한다. 석검의 형태적

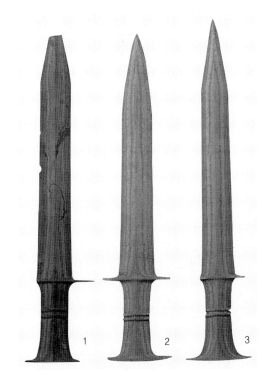

1 : 청도 송서리, 2·3 : 밀양 가인리

[도 Ⅲ-27] 혼펠스제 마제석검(국립대구박물관 2005)

것으로 판단된다.

정형성을 통해 특정집단에 의해 석검이 생산되었을 가능성이 제기되고 있지만[92] 그 곳을 구체화 하지는 못하였다. 가장 큰 이유는 석검의 제작장소로 구체화 할 수 있을 정도의 유적이 확인되지 않았기 때문일 것이다. 또한 석검 제작에 사용된 혼펠스라는 석재가 영남지역 전역에 분포하기 때문에 산지를 특정하기도 곤란했을 것으로 보인다.

예를 들면 남강유역의 옥방지구에서 옥제작과 관련된 유적이 확인된 바 있는데 현재까지 옥 원석의 구체적인 산지는 확인되고 있지 않은 실정이다. 그럼에도 불구하고 제작지의 인접한 곳에 산지가 있을 것으로 추정하여도 별다른 이견이 없는 듯하다.[93] 아마도 특별한 석재의 산지와 제작지의 관련성이 높다는 인식 때문일 것이다.

반면 혼펠스는 주변에서 쉽게 구할 수 있기 때문에 특수한 석재로 인식되지 않았으며 산지추정의 대상에 적합하지 않은 것으로 생각하게 되었다.

본 절에서 필자가 주장하려는 내용은 이미 구고를 통해서 발표한 바 있다.[94] 그 내용은 고령의 의봉산 일원이 혼펠스제 마제석검을 제작할 수 있는 석재의 산지라는 것이었다. 즉 석검을 제작할 수 있는 혼펠스 산지는 매우 희소하며 산지 주변에서 대규모로 석기제작이 이루어진 제작장이 확인된 경우는 더욱 희소하다.

영남지역에 분포하는 모든 혼펠스 산지를 확인하는 것이 타당하지만 현실적으로 많은 어려움이 따른다. 따라서 연구방법은 일반적인 혼펠스 산지에서 확인되는 석재로는 석검을 제작하는 것이 부적합하며 고령의 혼펠스 산지가 적합한 이유를 귀납적으로 설명하도록 하겠다. 마지막으로 고령일대의 석기

92) 張龍俊·平郡達哉, 2009, 「有節柄式 石劍으로 본 無文土器時代 埋葬儀禮의 共有」 『한국고고학보』 72, 한국고고학회.

93) 庄田愼矢, 2007, 『南韓 靑銅器時代의 生産活動과 社會』, 忠南大學校大學院 博士學位論文.

94) 황창한, 2011, 「청동기시대 혼펠스제 마제석검의 산지추정」 『考古廣場』 9, 釜山考古學研究會.

제작관련 유적을 살펴보도록 하겠다.

나. 혼펠스 産狀

1) 일반적인 혼펠스 산상

영남지역은 퇴적암이 광범위하게 분포하고 있으며 이곳에 부분적으로 화강암의 관입을 통해 국지적으로 혼펠스가 형성된다[도 Ⅲ-28]. 따라서 실제로는 광역의 지질도에는 범위가 표시되지 않을 정도의 소규모로 분포하며 직접적으로 노출된 노두는 거의 확인되지 않고 대부분 하천력으로 확인되는 것이 일반적이다. 노두에 노출된 경우는 해안가의 갯바위에서 주로 확인할 수 있다. 울산지역의 경우 혼펠스의 산지가 부분적으로 분포하는데 표면은 풍화가 진행되어 토양화 되었고 심저에 신선한 혼펠스가 분포한다[도 Ⅲ-29]. 이 산지로부터 1㎞ 이내의 근거리 하천에서는 각재를 확인할 수 있고 3㎞ 정도 진행한 거리의 석재도 원마도와 구형도가 진행된 하천력으로 확인된다[도 Ⅲ-29].

Ⅱ장에서 살펴본 바와 같이 원마도와 구형도가 좋은 석재는 마제석기 제작용으

<凡例>
■ 白亞紀 堆積岩
　(洛東層群)
■ 第三紀 堆積岩

焦岩山
鳳坪里

0　　　　　　　100 ㎞

[도 Ⅲ-28] 한국 동남부의 표층지질도
(森 2013에서 개변)

1 : 표층과 심저의 혼펠스(범서읍 중리 산103), 2 : 혼펠스 하천력(범서읍 망성리 454-65)
[도 Ⅲ-29] 울산지역 혼펠스 산상(필자 촬영)

로 부적합 함을 설명하였고 노두 또는 산지에 가까운 곳의 각재를 선택하였을 가능성이 높다고 하였다. 여기서 마제석검용 혼펠스라고 특정하여 지칭하는 것은 일반 소형석기와는 달리 대형의 석재가 필요하기 때문이다. 또한 박리흔적이 남아 있는 미완성품의 마제석검으로 볼 때[95] 원마도와 구형도가 좋은 하천력으로는 제작이 불가능할 뿐 만 아니라 최소한 30㎝ 이상의 혼펠스 석재도 구하기 어렵다.[96]

이러한 석검제작용 혼펠스의 특징을 인식하고 영남지역의 하천과 路頭에 대해 수차례 현장조사를 실시하였다. 그러나 석검제작에 적합한 석재가 확인되는 노두나 하천력은 현재까지 확인하지 못하였다.

---

95) 黃昌漢, 2009, 「靑銅器時代 石器製作의 兩極技法 硏究」『韓國上古史學報』63, 韓國上古史學會.
96) 礫石의 경우에 석검을 제작할 수 있을 정도인 30㎝를 넘는 것도 간혹 확인되나 대부분 내부 균열로 인해 장신의 석검을 제작하는 것은 불가능하다.

2) 고령의 혼펠스 産狀

고령의 북쪽에 위치하는 운수면의 의봉산(해발 535m)은 성주군과 접경을 이루고 있다. 이 일대의 지질은 백악기 하양층군의 신라역암, 칠곡층 그리고 동층군의 진주층, 하산동층, 낙동층이 남북으로 협재하여 변성암이 조성되기에 양호한 지역이다. 그러나 이곳으로부터 진주, 고성까지 넓게 분포하는 지역에서 혼펠스로 변질된 암석대는 극히 부분적으로 확인되어 현재 발행되어 있는 지질도에 누락되어 있을 정도이다.

의봉산 일대가 혼펠스 산지로 확인된 것은 운수리 석기제작장이 확인된 후 이를 통해 석기 석재의 산지를 찾기 위한 주변답사에 의해 알려지게 되었다.[97] 이곳의 혼펠스는 의봉산을 중심으로 노두와 산기슭, 하천에 노출되

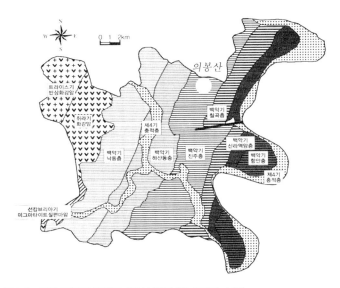

[도 Ⅲ-30] 고령군 지질과 의봉산(이보영 2008 수정)

---

97) 신종환, 2008, 「선사시대의 고령」『고령문화사대계1』, 고령군 대가야박물관·경북대학교 퇴계연구소편.

Ⅲ. 석재 산지 — 97

1·2:고령 의봉산 혼펠스 석재, 3:의봉산 혼펠스와 석검 비교

[도 Ⅲ-31] 고령 의봉산 혼펠스와 석검 비교(필자 촬영)

어 있는데 양측으로 갈수록 변성이 약하게 진행되어 점진적으로 퇴적암과 협재하는 양상이다. 의봉산 일대의 혼펠스는 필자가 직접 답사한 결과 특이하게 崖錐를 형성하고 있다.[98] 이곳의 혼펠스 테일러스는 판상으로 박리되어 산사면에 퇴적된 것이 가장 큰 특징인데 길이가 50㎝ 이상인 것이 다수 확인되고 두께도 5㎝ 이내부터 20㎝를 넘는 것까지 다양한 것이 특징이다[도 Ⅲ-31].

의봉산 일원에서 수습한 석재는 실제 다양한 석검의 비교에서 알 수 있듯이 석검을 제작하기에 최적의 상태로 산출된다[도 Ⅲ-31]. 필자가 실견한 혼펠스 산지 중 이런 곳은 현재까지 이곳이 유일하다.

다. 고령의 석기생산 유적

이상과 같이 고령 의봉산 일원은 현재까지 확인된 혼펠스 산지 중에서 유일하게 석검을 제작할 수 있는 조건을 갖춘 곳으로 추정된다. 그런데 석기 제

大東文化財硏究院, 2012,『高靈 鳳坪里 575-1遺蹟Ⅰ』.

98) 崖錐(talus)란 급경사면에 형성되어 있는 암석의 균열이나 절리 속으로 유입된 수분이 빈번한 동결 또는 융해로 인하여 붕괴된 암석이 경사면 아래에 쌓인 상태를 말한다.

작에 유리한 석재가 확인되었다고 반드시 그곳을 산지라고 하기에는 무리가 있다. 울산지역의 변성암류나 강화도의 활석제 석기와 같이 유적 주변에서 산출되지 않는 희귀한 석재는 원거리임을 확인하는 자체가 의미가 있지만 혼펠스와 같이 비교적 영남지역에 분포범위가 넓게 형성되어 있는 석재는 보다 적극적인 고고학적인 증거가 필요하다. 즉 산지 주변의 유적에서 이러한 석재로 제작이 이루어진 유적이 확인된다면 석재 산지로서 보다 객관성을 높일 수 있을 것이다.

고령지역은 청동기시대와 관련된 다양한 유적이 알려져 있다. 이중에서 청동기시대의 석기제작장으로 추정되는 유적이 지표조사로 알려진 이후[99] 다수의 석기제작 관련 유적이 확인되었다. 대표적인 유적은 고령 봉평리 575-1유적[100], 대흥리 유적[101], 쾌빈리 유적[102] 등이다.

1) 고령 봉평리 575-1유적

지표조사를 통해 알려진 유적으로 봉평리 순평마을 일대에 분포하고 있다. 유적은 논으로 경작되고 있으며 석기제작시 생성된 박편이 무수히 산재하고 있었다. 이후 도로 정비공사부지에 일부가 편입되면서 발굴조사 되었고 석기제작장의 실체가 드러나게 되었다[도 Ⅲ-32~34]. 이 석기 제작장은 지금까지 주거지 내에서 소규모로 확인된 석기제작 흔적과는 차원이 다르다. 유적의 일부만 조사되었음에도 불구하고 수 만점에 달할 것으로 추정되는 박편이 확인된 점으로 볼 때 상당기간 동안 대량의 석기를 전문적으로 생산한 집단에 의해 운영된 것으로 볼 수 있다. 이곳의 석재는 유적으로부터 북쪽으로 4㎞에 위치한 의봉산과 주변 하천에서 조달된 것으로 추정하고 있다[도 Ⅲ

99) 신종환, 2008, 「선사시대의 고령」『고령문화사대계1』, 고령군 대가야박물관·경북대학교 퇴계연구소편.

100) 大東文化財研究院, 2012, 『高靈 鳳坪里 575-1遺蹟Ⅰ』.

101) 경상북도문화재연구원, 2008, 『高靈 大興里遺蹟』.

102) 대경문화재연구원, 2009, 『高靈 快賓里遺蹟』.

의봉산

[도 Ⅲ-32] 고령 봉평리 575-1유적 원경(대동문화재연구원 2012)

[도 Ⅲ-33] 고령 봉평리 575-1유적 석기제작장(대동문화재연구원 2012)

[도 Ⅲ-34] 고령 봉평리 575-1유적 석기제작장 세부(대동문화재연구원 2012)

-32].[103]

필자는 이 유적을 혼펠스제 석기를 제작하여 유통한 석기생산 전문취락에 의해 운영된 석기제작장으로 파악한 바 있다.[104]

2) 고령 쾌빈리 유적

쾌빈리 유적은 고령읍의 북쪽에 위치한 대가야고등학교의 남쪽편에 해당한다. 대규모 석기제작장이 확인된 봉평리 575-1유적은 본 유적으로부터 북쪽으로 약 1㎞ 정도 떨어진 거리에 위치하고 있다. 유적의 중앙에는 구릉으로부터 형성된 소곡이 남쪽의 하천을 향해 형성되어 있다. 이 곡부를 중심

1·2:1호 주거지, 3:2호 주거지, 4·5:하천 1호, 6·7:하천 2호

[도 Ⅲ-35] 고령 쾌빈리 유적 출토 석기류(대경문화재연구원 2009)

103) 신종환, 2008, 「선사시대의 고령」『고령문화사대계1』, 고령군 대가야박물관·경북대학교 퇴계연구소 편.
104) 황창한, 2011, 「청동기시대 혼펠스제 마제석검의 산지추정」『考古廣場』 9, 釜山考古學研究會.
    황창한, 2013, 「대구지역 청동기시대 석기생산 시스템 연구」『嶺南考古學』 67, 嶺南考古學會.

으로 주변에 송국리형주거지와 석관묘, 구상유구, 석기제작지 등이 확인되었다[도 Ⅲ-36]. 석기제작지는 길이 6.4m, 너비 4.0m 정도의 범위에 다량의 혼펠스제 몸돌, 박편이 확인되었다. 또한 주거지에서는 지석과 미완성석기가 출토되었고, 구상유구에서도 다수의 혼펠스제 박편과 미완성 석제품이 확인되어 석기제작이 빈번하게 이루어졌음을 알 수 있다. 특히 주거지에서는

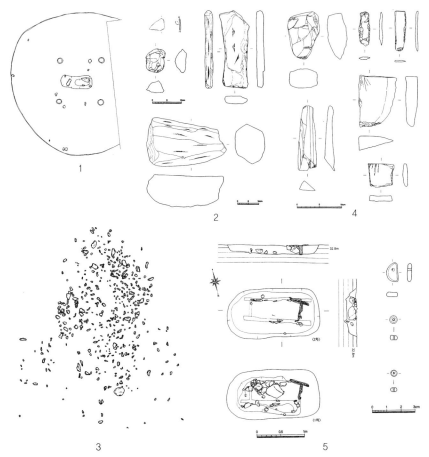

1·2 : 2호 주거지, 3·4 : 석기제작지, 5 : 1호 석관묘

[도 Ⅲ-36] 고령 쾌빈리 유적 유구와 석기류(대경문화재연구원 2009)

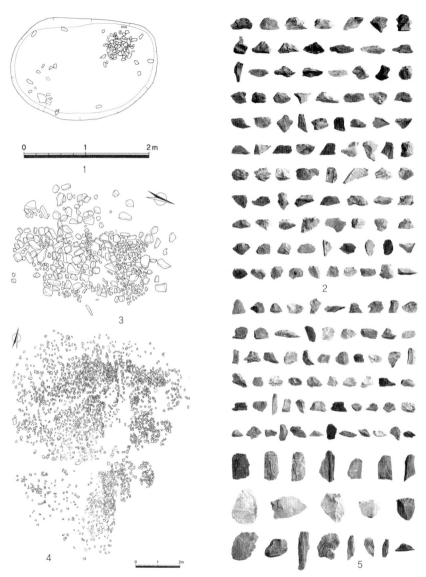

1·2:수혈 및 박편, 3:3호 집석, 4·5:4호 집석 및 박편

[도 Ⅲ-37] 고령 대흥리 유적 유구와 박편(경상북도문화재연구원 2008)

마연작업에 사용되는 지석이 확인되었고 하천에서는 제작시 파손품으로 추정되는 석검과 주상편인석부편이 확인되어 다양한 석기제작이 이루어졌음을 알 수 있다[도 Ⅲ-35].

3) 고령 대흥리 유적

대흥리 유적은 의봉산에서 동남쪽으로 4㎞ 떨어진 지점에 위치한다. 하천변의 나지막한 구릉말단부로 석관묘와 수혈유구, 집석유구 등이 확인되었다. 이 중 집석유구는 의봉산 일대에서 입수한 것으로 추정되는 판상의 혼펠스 원석과 박편이 산재하는 점으로 볼 때 석기제작장으로 추정되며, 수혈유구는 석기제작시 발생한 박편의 폐기장으로 추정된다[도 Ⅲ-37]. 봉평리 유적보다는 소규모지만 이 유적을 통해 의봉산 일대의 하천변에서 석기제작이 활발히 이루어졌음을 짐작할 수 있다.

라. 소결

이상과 같이 고령 의봉산 일원의 혼펠스 산지와 주변에서 확인된 석기제작과 관련된 유적을 살펴보았다. 이 중에서 봉평리 575-1유적은 혼펠스 가공 석기제작장으로서는 현재까지 최대 규모의 유적이다. 의봉산 일원의 유적에서는 쾌빈리 유적에서 볼 수 있듯이 마제석검은 물론 다양한 혼펠스제 석기를 생산했을 것으로 추정된다. 이러한 생산관련 시설의 중심 시기는 송국리형주거지로 볼 때 청동기시대 후기로 볼 수 있지만 대구지역의 청동기시대 취락에서 혼펠스제 석기가 전기후반경에도 다수 확인되고 있어 이곳 혼펠스 산지의 이용은 약간 소급될 가능성도 있다.

4. 석재 산지의 의미

청동기시대 석기의 석재를 검토한 결과 울산지역의 변성암류 석부와 강화도지역 신봉리 유적의 활석, 편암제 유물은 유적주변 50㎞ 이내에 분포하지 않는 원거리 석재로 제작되었다. 이러한 원거리 석재의 출현에 대한 의미를 추정해 보도록 하겠다.

합인석부의 용도는 벌목구로 농경사회에서 건축용, 생활용 목재 또는 가경지의 확보에서 중요한 역할을 담당하는 도구이다. 즉 기능적 측면이 강한 도구로서의 필요성에 의해 입수된 것인지 아니면 또 다른 의미가 있는 것인지 살펴보도록 하겠다.

울산지역의 변성암류 석부의 석재는 모두 4종으로 확인되었는데 이 암석들은 대체로 석영이 다량 포함되어 규질에 가깝기 때문에 경도가 좋다. 따라서 보통 이상의 내구성으로 석부의 재질에 적합하다.[105] 실제 유물에서도 벌목부의 사용상 특징인 인부 비대칭 흔적이 확인되어 도구로 사용되었음을 알 수 있다. 그런데 경도가 좋다는 점은 양면성이 있다. 그것은 도구로서 내구성이 좋다는 장점이 있는 반면 제작이 어렵다. 실험제작에서도 혼펠스와 안산암보다 편마암류 변성암의 제작이 까다로운데, 타격 조정시 균열이 쉽게 일어나고 마연작업에 많은 시간이 소요된다. 따라서 도구 제작의 측면에서 본다면 편마암, 규암 등의 변성암류가 안산암, 혼펠스 등의 석재에 비해 효율적인 암석이라고는 할 수 없다.[106]

다음은 편마암류 석부기 도구로서의 기능 외에 다른 의미를 내포하고 있을

---

105) 편마암은 보통 정도의 내구성, 규암은 아주 좋은 내구성에 속하며, 울산지역에서 산출되는 변성사암(혼펠스 등)은 좋은 내구성을 나타낸다(安敏子 2001). 이러한 내구성은 신선한 암석을 기준으로 한 것이므로 석기제작에 사용된 석재의 내구성과는 괴리가 있다.

106) 도구로서 효율적인 암석이라면 산지와 울산지역의 중간지역에 대한 검토가 필요하다. 즉 산지에서 멀어져도 출토량이 많다면 효율적인 암석을 직접 채집하거나 유통에 의해 반입된 것이며, 원거리일수록 감소한다면 다른 의미를 생각해 볼 수 있다. 다만 울산지역보다 산지에 가까운 경주, 포항일대의 유적을 개략적으로 살펴본 바에 의하면 울산지역과 거의 동일한 비율로 출토되는 양상이어서 석재의 효율성과는 무관한 의미가 있는 것으로 판단된다.

가능성이다. 변성암류 석부의 가장 큰 특징은 전면광택이다.[107] 일반적으로 석부의 신부에는 고타 흔적을 남겨 착병구와 마찰력을 강화시켜 도구의 기능성을 극대화한다. 반면 마연이 까다로운 변성암류임에도 불구하고 전면 광택작업을 하였다는 것은[108] 도구로서의 효율성 보다는 집단의 전통성[109] 또는 상징성을 내포하고 있을 가능성도 있다. 실제 유물에서도 광택이 있는 편마암류 석부는 옥 제품과 같은 시각적 효과를 나타낸다. 또한 [도 Ⅲ-11]의 위양리, 반연리 출토품과 같이 석류석이 다량 포함된 경우는 인부가 무뎌져 날을 세우는 것 자체가 불가능한 경우도 있다. 이 석부는 마치 보석으로 장식된 형상으로 도구로서의 기능이 부적합하다.

변성암류 중에서 규암은 가장 내구성이 좋은 암석 중 하나이다. 특히 적색을 띠는 규암제 석부도 종종 확인되는데 [도 Ⅲ-11]의 신정동유적 출토품이 대표적이다.[110] 전통적으로 적색은 벽사의 의미가 있으므로 이와 관련될 가능성도 있다. 이러한 맥락에서 본다면 재지의 안산암이나, 혼펠스는 모두 흑색이어서 색조가 화려한 우백질화강편마암이나 보석으로 장식된 듯한 석류석편마암은 상징성을 나타내는 것으로 볼 수 있다.

그렇다면 도구로서의 기능 외에 상징성이 예상되는 변성암류 석부가 울산지역으로 유입된 배경은 무엇일까. 그것은 청동기문화의 전파 루트와 관

---

107) 일반 합인석부는 풍화되어 광택이 남아있지 않다고 생각할 수도 있다. 그러나 울산 지역의 합인석부는 신부에 고타흔이 그대로 잔존한 경우가 많아 광택이 있었다고 보기 어렵다.

108) 울산 언양의 석재상에서 확인한 결과 광택작업은 연마제의 입자에 따라 3~4회 이상의 공정을 거쳐야 가능하다.

109) 한반도 영동, 영서지역의 경우 변성암류로 제작된 석부가 다수 확인되는데 이 유적들에서도 광택이 있는 석부와 고타를 남긴 석부 두 종류가 모두 출토된다. 광택의 의미에 대해서는 앞으로 종합적인 검토가 필요하다.

110) 타 지역에서도 규암이 산출되나 붉은 빛을 띠는 것은 태백산편마암복합체의 특징이다.

련한, 교류의 산물로 추정할 수 있다.[111] 울산지역은 동북형석도[112], 주구묘[113], 화장묘 등 동북지역의 요소들이 확인되어 청동기문화 교류의 루트를 짐작할 수 있다.[114] 지금까지의 자료로 본다면 울산지역은 중서부 청동기문화인 송국리유형 주거지의 확인 사례는 드물다. 가장 인접한 곳으로는 울주 검단리유적, 양산 소토리유적 등이 있고 최근 울산 교동유적에서 1기만 확인되었을 뿐이다. 이러한 양상으로 볼 때 앞으로도 울산지역에서 송국리형 주거지의 확인을 기대하기는 어려울 것으로 보인다. 즉 울산지역은 동북지방루트와 관련된 장방형주거지의 전통을 바탕으로 울산식주거지와 검단리단계로 점차 지역성을 띠는 것으로 볼 수 있다. 따라서 변성암류 석부는 동북지방루트를 통한 지속적인 교류에 의한 산물로 볼 수 있을 것이다.

그런데 단순히 교류라고 한다면 그 대상은 무엇이었을까. 의·식과 관련되거나 다른 도구일 가능성도 있지만 현재로서는 그 대상을 확인하기는 쉽지 않은 문제이다. 전장에서 살펴보았듯이 이런 석부가 주로 중형급 이상의 주거지에서 출토사례가 많은 것은 특이한 재질의 도구를 소유하려는 위세적 성격 및 혼인, 의례 등과의 관련성을 생각해 볼 수 있다. 그런데 울산지역의 검단리문화기에는 송국리문화권보다 계층화가 더디게 진행된 것으로 연구되고 있다.[115] 위계를 예측할 만한 무덤 또는 지석묘 등의 축조가 빈약하기 때문이다. 이러한 원인에 대해서는 수도작으로 전환할 수 있는 가경지의 부족

111) 울산지역의 청동기시대 문화 전파가 동해안으로만 이루어졌다는 의미는 아니다.

112) 裵眞晟, 2007, 「東北型石刀에 대한 小考 −東海文化圈의 設定을 겸하여−」『嶺南考古學』40, 嶺南考古學會.

113) 江原文化財研究所, 2008, 『泉田里』.

114) 여기에서 사용하는 동북지역은 협의의 개념으로 한반도 남부지역의 영동, 영서지역을 지칭한다.

115) 黃昌漢, 2010, 「蔚山地域 靑銅器時代 墓制의 特徵」『靑銅器時代의 蔚山太和江文化』, 蔚山文化財研究院 開院 10周年 紀念論文集.

으로 인해 전기의 생활 방식이 후기까지 지속되는 것으로 보인다.[116] 따라서 위세품으로 입수되었을 가능성보다는 다른 견해를 제시하고 싶다.[117]

구석기시대의 수렵채집 집단 간에 사회적 네트워크를 구성하여 정보교환은 물론 동맹 관계를 확보하기 위해 기본적으로 혼인 파트너 관계가 형성되는 것은 기본이라고 한다. 또한 구석기시대말의 경우 50~200㎞ 정도가 비정규적인 접촉의 거리로 생각할 수 있고, 이로부터 희귀한 외래 자원이나 상징물이 조달된다고 한다.[118] 이런 사례가 적용될 수 있을지는 의문이지만 변성암류가 산출되는 평해, 울진지역과 울산지역과의 거리가 공교롭게도 200㎞ 내외이다. 또한 민족지적인 사례에서도 혼인을 할 때 신부가 혼례품으로 석부를 지참하는 경우도 있다.[119] 이러한 점으로 본다면 울산지역의 변성암류 석부도 족외혼을 추정할 수 있는 근거 자료로 볼 수도 있을 것이다.

울산지역의 변성암류 석부가 족외혼을 추정할 수 있는 최소한의 근거라면 강화도 신봉리 유적에서 출토된 활석제 방추차와 석도도 동일한 의미로 추정할 수 있다. 신봉리 유적 인근에는 이암 분포지가 확인되었고 이 암석으로 석촉과 석검을 제작하는데 사용되었다.

그렇다면 이암으로 제작하여도 기능적으로 무방한 방추차[120]와 석도를 특별히 원거리 석재로 제작할 이유가 없다. 따라서 이러한 경우도 집단의 전통

---

116) 송국리문화권에 비해 상대적으로 위계화가 진전되지 않았다는 의미이다.

117) 위세품의 가능성을 완전히 배제한다는 의미는 아니다. 앞에서 검토한 바와 같이 변성암류 석부가 주로 중대형 주거지에서 출토되는 점으로 본다면 위세품의 가능성도 있을 것이다. 따라서 다음에 제시하려는 혼인파트너 관계에 의한 반입과는 배치되는 것으로 오해의 소지가 있을 것이다. 그러나 혼인파트너 관계가 상위 계층을 중심으로 이루어졌을 가능성도 있기 때문에 두 견해가 배치되는 것이 아니라 부합될 수 있을 것이다.

118) 성춘택, 2009, 「수렵채집민의 이동성과 한반도 남부의 플라이스토세 말~홀로세 초 문화변동의 이해」『한국고고학보』 72, 한국고고학회.

119) 佐原 眞, 1994, 『斧の文化史』, 東京大學出版會.

120) 영남과 호서지역의 경우 이암으로 제작된 방추차가 다수 확인된다.

성이 강하게 반영된 유물로 판단되며 도구의 기능성 또는 석재의 효율성과는 무관한 인적 네트워크가 형성되어 있었다고 볼 수 있을 것이다.

청동기시대 마제석검은 상징성이 강한 유물로 다양한 의미가 함축되어 있다. 이러한 석검의 생산과 유통이 확인될 수 있다면 청동기사회를 해석하는 데 일조할 수 있을 것이다.

전기의 이단병식석검은 각 지역에서 산출되는 암석으로 집단 내에서 제작하여 사용하지만 후기에 등장하는 유절병식석검과 일단병식석검은 석재가 혼펠스 일색으로 변화한다. 이러한 석검을 제작할 수 있는 석재는 현재까지 고령의 의봉산 일원이 유일하며 청동기시대 후기에 이곳에서 생산된 석검이 각 지역으로 유통되었을 가능성이 높다. 이러한 사항에 대해서는 뒷장에서 다시 한 번 검토하도록 하겠다.

Ⅳ
석기 제작 체계

청동기시대 석기의 제작기법에 대한 연구는 주로 미완성석기의 관찰에서 비롯되었다. 완성품에서 확인할 수 있는 제작기법은 마연 외에 특별한 흔적을 관찰할 수 없었기 때문이다. 따라서 자연스럽게 미완성석기를 주목하게 되었고 이를 통해 제작공정을 추정하는 정도의 연구가 진행되었다.[121] 그러나 마연공정 이전에 어떠한 타격기법이 적용되었는가에 대한 연구는 부족한 실정이다.[122] 형태를 성형하는 공정은 구석기시대의 타격기법에서 크게 벗어

---

121) 尹容鎭, 1969, 「琴湖江流域의 先史遺蹟研究(Ⅰ)」 『古文化』 5·6, 韓國大學博物館協會.
李榮文·金京七·曺根佑, 1996, 「新安 伏龍里 出土 石器類」 『碩晤尹容鎭敎授停年退任紀念論叢』.
黃昌漢, 2004, 「無文土器時代 磨製石鏃의 製作技法 研究」 『湖南考古學報』 20, 湖南考古學會.
孫晙鎬, 2003, 「半月形石刀의 製作 및 使用方法 研究」 『湖西考古學』 8, 湖西考古學會.
122) 黃昌漢, 2009, 「靑銅器時代 石器 製作의 兩極技法 研究」 『韓國上古史學報』 63, 韓國上古史學會.

나지 않을 것이므로 이에 대해서 간단히 살펴보도록 하겠다.

마제석기의 제작공정은 유물별로 약간의 차이는 있으나 대체로 석재채취-성형-마연의 3단계로 진행되며 기종에 따라 큰떼기, 미세조정, 고타, 약마, 정마, 천공 등 세부기법이 추가될 수 있다.[123] 이에 대해서 완성품을 추정할 수 있는 미완성석기를 중심으로 제작기법 및 제작 체계의 변화에 대해 검토하겠다.

마지막으로 실험을 통해 마제석기의 성형과정에 적용되었던 제작기법을 복원해보도록 하겠다.

1. 제작기법

구석기시대는 풍부한 타제석기를 기반으로 석기제작 기술에 대한 연구성과가 축적되었다. 먼저 구석기시대의 박리역학에 대해 간단히 살펴보고자 한다. 그 이유는 청동기시대의 마제석기를 제작하는 과정에는 형태를 성형하는 박리 기술이 적용되었고 그 기술의 종류는 구석기시대의 타격기법으로부터 확인할 수 있을 것이기 때문이다.

인류가 오랜 시간 동안 체험으로 습득한 석기제작 기술은 석재의 물리적 특성을 잘 파악한 후 규칙적으로 박리하는 방법이다.[124] 박리역학은 이러한 기술을 이해하기 위해서 필요하다. 물론 당시 사람들이 물리역학의 이해를 공부하고 석기를 제작하지는 않았을 것이다. 그러나 이러한 무형의 기술을 학문적으로 이해하고 정리하기 위해서는 석재의 특성에 따른 역학 원리를 파악해야 한다.

---

123) 손준호, 2010, 「청동기시대 석기생산 체계에 대한 초보적 검토」『湖南考古學報』36, 湖南 考古學會.
124) 장용준, 2015, 『구석기시대의 석기생산』, 진인진.

박리기법에 역학 원리를 도입하기 시작한 것은 스페스와 포크너이다.[125] 박리의 기본적인 원리는 헤르츠의 원추이다[도 Ⅳ-1]. 이것은 원석에 타격을 가했을 때 그 타격점의 바로 아래에 균열을 형성시키는 원추체를 말한다. 즉 원석에 직각방향으로 힘을 가하면 부서지는 것이 아니라 방사상으로 힘이 분산되면서 측면에 박리가 형성되는 것이다. 이 원리는 석기의 제작실험에서 타격을 가하는 각도, 부위, 물리력

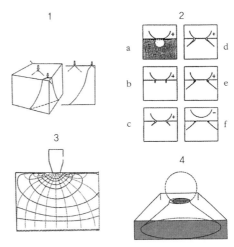

1 : 헤르츠의 원추, 2 : 헤르츠형 원추파괴의 과정,
3 : 헤르츠의 원추에 있어 응력궤적,
4 : 접촉원과 동심원, 균열의 관계

[도 Ⅳ-1] 헤르츠의 원추의 원리
(장용준 2003에서 재인용)

의 정도에 따라 다양하게 박리를 유도하는데 활용될 수 있다.

구석기시대의 석기제작에 적용되었던 각종 타격기법은 직접떼기, 간접떼기, 눌러떼기로 구분된다[도 Ⅳ-2]. 이중 직접떼기는 신석기시대와 청동기시대에도 이어지며, 눌러떼기는 신석기시대의 석촉 등에서 확인되지만 청동기시대에는 사라진다. 그러나 간접떼기는 어느 시대까지 사용되었는지 정확히 알 수 없다. 유물과 부산물에서 간접떼기를 확인할 만한 흔적을 알 수 없기 때문이다.

125) Faulkner, A., 1972, Mechanical Principles of Flint working, Ph.D.dissertation, Dept. of Anthropology, Washington State University.
Speth, J.D., 1972, "Mechanical basis of percussion flaking", American Antiquity, vol 37.

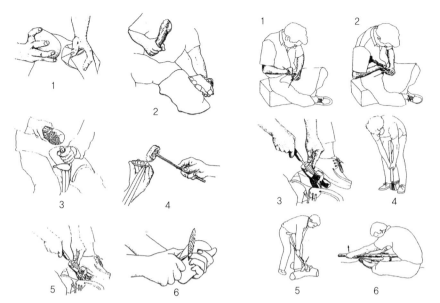

좌-1·2 : 직접떼기, 3·4 : 간접떼기, 5·6 : 눌러떼기, 우-눌러떼기의 각종 방법

[도 Ⅳ-2] 각종 타격방법(Inizan 외 1999, 1992)

석기 제작기법의 종류에 대해서는 타격, 마연, 고타, 찰절, 천공, 돌깨기, 홈내기 등 7가지 방법으로 정리된 바 있다.[126] 이중 돌깨기만 필자와 이견[127]이 있을 뿐 대체로 공감할 수 있는 방법이므로 여기서는 양극기법, 수직타격기법, 찰절, 고타, 마연 등의 방법에 대해 살펴보겠다.

가. 양극기법과 수직타격기법

兩極技法이란 모룻돌에 석재를 세우고 망칫돌로 가격하는 방법이다[도 Ⅳ

---

126) 장용준, 2007, 「先史時代 石器의 分別과 製作技法」『考古廣場』1, 釜山考古學硏究會.
127) 쐐기의 사용은 큰 석재에 적합한 방법으로 20㎝ 내외의 자갈에는 비효율적이다.

-3]. 모룻돌에 석재를 세우고 가격하면 작용과 반작용에 의해 양측 선단부에 박리가 발생하기 때문에 이와 같은 용어로 명명된 것이다. 이 기법은 헤르츠의 원추의 원리가 타격점에 작용하여 효과적으로 석재의 박리를 유도한다.

양극기법은 박리의 종류에 따라 양극분할, 양극박리, 양극고타로 구분할수 있다. 양극분할은 석재를 1/2 이상으로 분할하는 과정에 사용되는데 대석에 올리는 석재는 평적해야 한다. 양극박리는 석기의 성형에 사용된다. 이 기법의 요점은 모룻돌, 재료, 망칫돌이 수직을 이루는 것이며 모룻돌과 망칫돌의 타격면에서 박편이 생성된다. 양극기법은 기본적으로 양파껍질이 벗겨지듯 양쪽이 고르게 박리되지만 모룻돌과 석재 그리고 내리치는 망칫돌을 빗

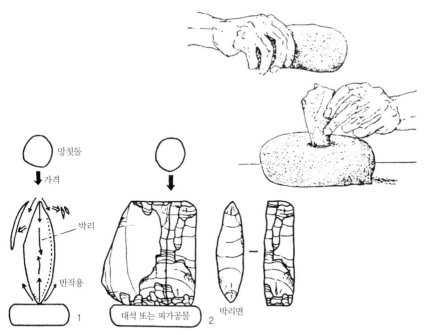

1 : 양극기법과 힘의 작용, 2 : 楔形석기 제작

[도 Ⅳ-3] 양극기법의 원리(加藤普平 鶴丸俊明 1991에서 개변)

겨쳐 큰떼기를 유도할 수 있기 때문에 석기의 1차 성형에도 활용할 수 있다. 이 경우 무거운 석재를 모룻돌에 놓고 작업을 진행하므로 제작자의 에너지 소모를 최소화할 수 있는 것이 장점이다. 마지막으로 양극고타는 성형 후 둔각이 형성되어 더 이상 박리가 불가능한 부분을 두드려 각을 없애는 방법으로 박편보다는 분말을 생성한다. 양극고타는 타제석부를 제작하는데 유용한 기법이었음을 실험으로 증명한 연구결과가 있다.[128]

垂直打擊技法[129]은 직접떼기에 속하는 방법으로 대상물을 손으로 들고 망칫돌을 수직으로 내리치는 방법이다[도 Ⅳ-37]. 가격하는 한쪽 면에만 박리를 유도하는 기법으로 비대칭을 대칭으로 수정할 경우 또는 미세조정에 사용된다. 이 방법은 석촉제작용 선형석기와 같이 소형인 경우 들고 있는 손의 탄력 때문에 사용이 부적합하지만 제작품의 자체 중량이 반월형석도(약 100g 이상) 이상이면 효과적으로 활용할 수 있다. 또한 석기제작용 석재를 모룻돌에 수직으로 직접 내리치는 등 변형기법으로 활용할 수 있다[도 Ⅳ-37].

나. 찰절 · 고타 · 마연

찰절기법은 찰절구로 석재와 마찰을 일으켜 재단하는 방법이다[도 Ⅳ-4]. 주로 신석기시대에 다양한 유물의 제삭에 활용되었다. 청동기시대에는 석촉, 옥 가공용 송곳 등의 제작에 사용되었다.[130] 이 기법의 장점은 석재를 목적한 대로 정확히 재단할 수 있다는 것이고, 단점은 노동력에 투입되는 시간이 많아 효율성이 떨어진다는 것이다.

---

128) 久保田正壽, 2004,「實驗からみた拷打技法 －打製石斧の製作技法の復元にむけて－」『石器づくりの實驗考古學』, 學生社.

129) 大工原豊, 2004,「打製石斧の製作技術について －製作實驗を通して－」『石器づくりの實驗考古學』, 學生社.

130) 黃昌漢, 2004,「無文土器時代 磨製石鏃의 製作技法 硏究」『湖南考古學報』 20, 湖南考古學會.

敲打는 직접타격기법에 해당한다. 고타란 대상물을 약하게 두드린다는 의미로 타격과 구분되는 가장 큰 특징은 박편의 생성유무이다. 즉 타격은 박편을 고타는 분말을 생성한다. 이 기법은 모든 석기의 제작시 최후의 성형단계에서 사용되었을 가능성이 높다. 하지만 두께가 얇은 석기류는 측면의 고타흔과 약한 수직타격기법의 흔적이 구분되지 않아 확인이 어렵다. 고타흔이 빈번하게 확인되는 유물은 미완성 또는 완성된 석부류이다[도 Ⅳ-4]. 고타흔은 완성된 석부의 신부에 의도적으로 남긴 것도 다수 확인되는데 자루에 착장시 마찰력을 극대화하여 鞏固히 하기위한 것으로 추정된다. 고타기법을 적용하는 가장 큰 이유는 타격조정으로 더 이상 박리가 불가능한 둔각을 정면하여 마연시간을 단축하기 위해서이다.

마연기법은 마제석기의 가장 큰 특징으로 타격기술에 비해 상대적으로 단순기능적인 측면이 강하다. 그러나 마연과정에서도 적지 않게 파손이 발생하며, 특히 능과 날을 대칭으로 세우는 것은 쉽지 않다. 마연방법은 지석에 석기를 직접 마연하는 방법과 석기를 고정시키고 지석을 움직이는 방법이 있다[도 Ⅳ-4]. 전자의 경우 능과 인부의 선형을 맞추기 위해 수시로 마연면을

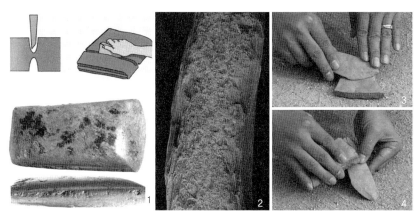

[도 Ⅳ-4] 1 : 찰절, 2 : 고타(대구박물관 2005), 3·4 : 마연기법(필자 작성)

확인할 필요가 있지만 후자의 경우는 대상물 전체가 균형 있게 마연되는 상태를 볼 수 있다. 또한 지석의 사용면을 고르게 할 수 있으며 마연시간도 단축되는 효과가 있다. 특히 반월형석도, 합인석부 등과 같이 인부가 곡률일 때 석기를 움직여 마연할 경우 인부에 각이 생기는 반면, 지석을 움직여 마연하면 곡선을 부드럽게 만들 수 있다.[131] 마연작업은 물의 사용여부에 따라 건식마연과 습식마연으로 구분할 수 있는데 건식마연은 이미 제작된 유물의 날을 간단히 세우는데 적합하지만 석기를 제작하는 단계에서는 습식마연을 통해 분말을 수시로 씻어내면서 제작하는 것이 효과적이다.

2. 석촉 제작

활과 화살은 인류가 개발한 도구 중에서 가장 혁신적인 발명품 중 하나이다. 활은 대상물로부터 이격된 거리에서 사용되므로 수렵 또는 전투시 위험요소는 최소화하고 공격 효과는 최대화할 수 있다. 활은 생존을 위한 수렵도구로서 고안되었으나 병기로서도 중요한 위치를 점하게 된다. 활의 기원은 민족과 지역에 따라 달리하는데, 한반도에서 활의 사용은 후기구석기시대로 추정되지만 본격적으로 정형화된 활이 있었다는 것을 알 수 있는 석촉은 신석기시대에 확인된다. 이러한 석촉은 청동기시대 전시기에 걸쳐 확인되며 총과 같은 무기가 개발되기 이전까지 오랜 기간 동안 지속적으로 사용된다. 청동기시대의 석촉은 다양한 형태가 확인되었고 비교적 연구성과도 축적되었지만 제작기법에 대한 검토는 구체적으로 다루어지지 않았다.

석촉 제작의 검토 이전에 지금까지의 연구성과[132]에 대한 몇 가지 문제점

---

131) 한국청동기학회 석기분과에서 제작실험을 실시한 결과 20㎝ 내외의 소형지석이 이러한 용도로 사용 되었을 가능성이 있다.

132) 황기덕, 1958, 「조선에서 나타난 활촉의 기본형태와 그 분포」『문화유산』58-6.
中村大介, 2005, 「無文土器時代前期における石鏃の變遷」『待兼山考古學論集』, 都

을 보완할 필요가 있다고 생각된다. 그 이유는 석촉의 형식 또는 계통에 따라 제작기법이 상이했을 가능성이 높다고 판단되기 때문이다.

먼저 지금까지 이루어진 석촉의 다양한 형식분류가 과연 객관적인 기준에 부합되는 방향으로 이루어졌는지 의문이며, 지역성에 대해서 논하고 있지만 지역적 분화 요인에 대한 인과관계는 설명하지 못하고 있기 때문이다. 이러한 점에 대한 필자의 견해를 다음과 같이 제시하고자 한다.

그동안 석촉의 분류기준으로 삼은 속성은 화살촉에만 집중되어 있었다. 그러나 화살촉은 화살대와 결합되었을 때 완전한 형태이므로 그 상태를 복원하여 형식분류의 기준으로 삼을 필요가 있음을 강조한 바 있다.[133]

석촉과 화살대의 결합 방법은 화살대를 갈라서 결합하는 방법과 화살대에 꽂는 방법으로 구분할 수 있다[도 Ⅳ-5]. 이러한 결합법을 토대로 필자의 구고를 수정 보완한 계통도가 [도 Ⅳ-6]이다. 주된 내용은 무경식 결합기법과 유경식 결합기법의 차이는 각각 상이한 계통에서 분화된다는 것이다. 이를 요

出比呂志先生退任記念、大阪大學考古學研究室.

孫晙鎬, 2006, 『靑銅器時代 磨製石器 硏究』, 서경.

黃昌漢, 2004, 「無文土器時代 磨製石鏃의 製作技法 硏究」『湖南考古學報』20, 湖南考古學會.

임세권, 1977, 「우리나라 마제석촉의 연구」『韓國史硏究』17.

崔盛洛, 1982, 「韓國磨製石鏃의 考察」『韓國考古學報』12, 韓國考古學會.

安在晧, 1990, 『南韓 前期無文土器의 編年 -嶺南地方의 資料를 中心으로-』, 慶北大學校大學院 碩士學位論文.

손준호, 2007, 「마제석촉의 변천과 형식별 기능 검토」『한국고고학보』62, 한국고고학회.

황창한, 2012, 「청동기시대 마제석촉의 지역성 연구」『야외고고학』13, 한국문화재조사연구기관협회.

李基星·朴柄旭, 2013, 「무문토기시대 마제석촉 형식 변화 요인에 대한 검토」『湖西考古學』28, 湖西考古學會.

133) 黃昌漢, 2004, 「無文土器時代 磨製石鏃의 製作技法 硏究」『湖南考古學報』20, 湖南考古學會.

약하면 다음과 같다.

I류는 무경식석촉으로 신단면은 편육각형이다. 화살대 끝을 갈라 납작한 석촉의 경부에 결합하는 방법이다. Ia에서 Id로 시간성이 있는 것으로 확인되고 있다.[134]

II류는 이단경식석촉으로 신단면은 능형이다. 화살대 끝에 홈을 내어 석촉의 뾰족한 경부를 꽂아서 결합하는 방식으로 석촉의 경부단면은 육각형 또는 원형이다. 유경식청동촉의 결합방법에서 기원한 것으로 추정된다. 대체로 초기에는 청동촉의 형태와 유사하나 점차 신부가 장신화 되는 경향이 있다.

III류는 이단경식석촉에서 변화한 천근식석촉이다. IIIa, IIIb형은 이단경식석촉에서 일단경식첨근촉으로의 변화를 보여주는 과도기의 형식으로 경부가 긴 것이 특징이다. IIIc형은 첨근촉의 완성형인데 장신형은 주로 무덤에서 출토된다. 소위 송국리문화권에 집중적으로 분포하고 있다. IIId형은 신부가 짧고 관부가 둔각을 이루는 것으로 주로 주거지에서 출토사례가 많다.

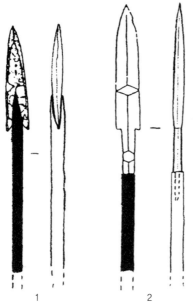

1: I류 결합, 2: II · III류 결합
[도 IV-5] 석촉과 화살대의 결합 방법
(黃昌漢 2004)

---

134) 李錫凡, 2005, 『영남지역 주거지 출토 마제석촉의 편년』, 慶州大學校大學院 碩士學位論文.
中村大介, 2005, 「無文土器時代前期における石鏃の變遷」『待兼山考古學論集』, 都出比呂志先生退任記念, 大阪大學考古學研究室.

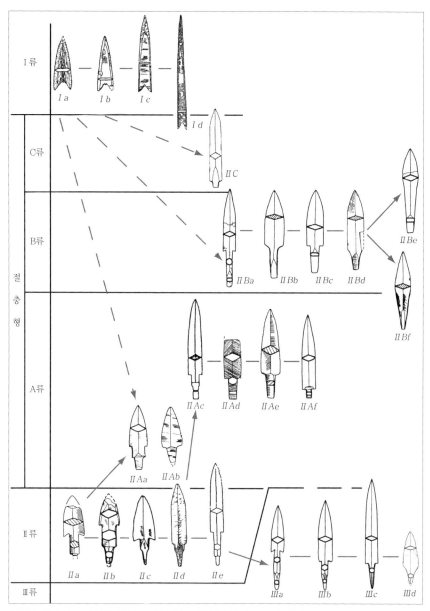

[도 Ⅳ-6] 남한지역 마제석촉의 형식분류 및 계통도(황창한 2012)

절충형은 Ⅰ류와 Ⅱ류의 특징이 결합된 형식으로 평근식이다. 절충 A~C류로 구분되며 각 특징은 다음과 같다.

절충 A류 : 이단경식석촉계열에서 분화된 석촉으로, 결합법은 무경식석촉과 같은 방법이다. 이단경식석촉에 무경식석촉의 착장법을 채택한 것으로 화살촉의 경부가 평평한 것이 특징이다. 이것은 결합 방법은 Ⅰ류를 따랐으나 형태는 이단경식의 전통이 강하게 계승된 것으로 보인다. 화살대는 경부를 넘지 않지만 ⅡAf류는 신부까지 홈을 내어 끝이 평평한 화살대가 연장되기도 한다.

절충 B류 : 이단경식석촉계열에서 분화된 석촉으로 결합법은 무경식석촉과 같은 방법이다. 가장 큰 특징은 화살대가 신부까지 넘어가지 않는다. 경부에 ∧상으로 평평하게 마연되어 있다. 여기에서 ⅡBa, ⅡBb형은 절충 C류와 주 분포권이 동일하다. 이중 ⅡBe형은 소위 일체형석촉으로 명명되어 있는데, 주 분포권이 한강유역, 영동지방에 형성되어 있다.[135] ⅡBf류는 호서지방, 호남지방 등의 주거지에서 다량 출토되는데 변이가 다양하다.

절충 C류 : 이단경식석촉계열에서 분화된 석촉으로 결합법은 무경식석촉과 같다. 가장 큰 특징은 화살대가 신부까지 결합되는 것으로 신부의 하단에 ∧상으로 평평하게 미연되어 있다. 울산을 포함한 대구, 경북지역에 주 분포권을 형성한다. 절충 B·C류는 결합 방법 및 화살대의 선단부 형태가 ∧상인 것이 절충 A류와 가장 큰 차이점이다. 이러한 차이는 신부는 유경식을 따랐지만 결합된 형태 및 방법은 무경식의 전통을 충실하게 계승한 것으로 판단된다.

이상과 같이 청동기시대의 무경식석촉과 유경식석촉을 각각 다른 계통으

---

135) 安在晧, 1990, 『南韓 前期無文土器의 編年 －嶺南地方의 資料를 中心으로－』, 慶北大學校大學院 碩士學位論文.
安在晧, 1992, 「松菊里類型의 檢討」 『嶺南考古學』 第11號, 嶺南考古學會.
朴埈範, 1998, 『한강유역 출토 돌화살촉에 대한 연구』, 弘益大學校敎育大學院 碩士學位論文.

로 파악하였으며, 시병의 착장방법에 따라 무경식석촉의 전통을 계승하는 것과 청동촉의 전통을 계승하는 것으로 파악하였다.

다음은 석촉 형식의 분화요인에 대해 화살대의 재료로서 살펴보도록 하겠다.

청동기시대 전기에 해당하는 西·東周時代의 실물 자료가 있는지는 알 수 없으나 戰國時代의 유경식 청동촉과 결합된 화살대는 이대(箭竹)가 사용된 것이 확인되었다.[136] 반면 무경식촉과 같이 화살대의 끝을 갈라서 결합하는 재료는 천

[도 IV-7] 천전리유적 탄화 화살대
(강원문화재연구소 2008)

전리유적에서 확인된 바와 같이 싸리나무를 사용했을 가능성이 높다[도 IV-7]. 이러한 점을 종합하면 결국 화살대 재료의 식생에 의해 형식이 분화되었을 가능성이 높다고 판단되며 식생의 점이지대에 해당하는 영남 동북부지역은 두 형식이 공반되는 양상이다[도 IV-8].[137]

이상과 같이 석촉의 계통은 무경식석촉과 유경식석촉의 결합방법 및 화살

136) 中國古代兵器圖集, 1990, 『本圖版轉引自』, 解放軍出版社.
137) 황창한, 2012, 「청동기시대 마제석촉의 지역성 연구」 『야외고고학』 13, 한국문화재조사연구기관협회.

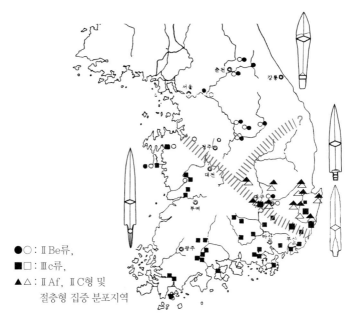

[도 Ⅳ-8] 마제석촉 지역별 분포양상(안재호 1990 수정)

●○ : ⅡBe류,
■□ : Ⅲc류,
▲△ : ⅡAf, ⅡC형 및
　　　절충형 집중 분포지역

대의 식생에 의한 차이에서 분화되었음을 설명하였다. 또한 석촉의 제작기법도 이와 연동하여 차이가 있을 것으로 추정되는데 석촉 미완성품을 살펴본 바에 의하면 석촉제작 기법은 두 가지 정도가 확인되었다.

　첫 번째는 찰절기법으로 석재를 재단하여 제작하는 방법이고 두 번째는 타격기법으로 선형석기를 제작한 후 완성하는 기법이다.

가. 찰절기법에 의한 제작

　찰절기법에 의한 석촉의 제작은 무경식석촉과 이단경식석촉의 제작에서 주로 확인되며 일단경식석촉은 일부 확인된다. 제작 공정은 3단계 정도로 구분된다[도 Ⅳ-9].

　1단계는 석재를 채취하여 판상으로 제작하는 공정이다. 석재의 형태가 평

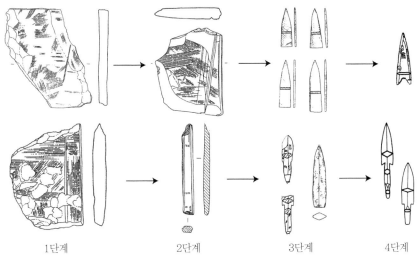

| 1단계 | 2단계 | 3단계 | 4단계 |

[도 Ⅳ-9] 찰절기법에 의한 석촉의 제작 공정

평한 점으로 볼 때 하천력을 이용했을 가능성은 희박하며 노두[138] 또는 산지 근처의 각재를 채취했을 가능성이 높다. 석재는 떼기로 조정한 후 양면을 거친 마연으로 다듬는다. 면 고르기에 사용되는 고타는 확인되지 않는다. 석재의 두께는 석촉의 형식에 따라 차이가 있는데 무경식석촉은 평균 두께인 2~3㎜ 정도에 근접하게 제작하는 것이 유리하며 유경식석촉은 이보다 두꺼운 0.7~1.5㎝ 정도로 제작된다.

경주 송선리유적[139]은 청동기시대 전기의 유적으로 9호 주거지에서 석촉 제작과정을 확인할 수 있는 석재와 무경식석촉군이 출토되었다[도 Ⅳ-10]. 판상석재의 재질은 이암이고, 두께는 4㎜, 길이는 약 13㎝ 정도이다. 판상 석재의 측면에 찰절흔이 있다.

---

138) 광맥 등의 암석이 땅으로 드러난 부분을 말한다(鄭昌熙 1994).
139) 嶺南文化財硏究院, 2005, 『慶州 松仙里遺蹟』.

초곡리유적[140]은 구순각목공렬토기가 출토된 청동기시대 전기의 유적이다. 이 유적에서는 [도 Ⅳ-10]의 4와 같이 아직 재단하지 않은 상태의 판상석재와 찰절기법으로 재단한 흔적이 있는 [도 Ⅳ-10]의 4·5·6이 출토되어매우 양호한 자료를 볼 수 있다. 판상석재의 재질은 이암이며, 두께가 1.5㎝내외로 두꺼운 편이다. [도 Ⅳ-10]의 4·5는 측면에 타격조정한 흔적이 있으며 양면을 무질서하고 거칠게 마연하였다. 판상석재의 두께와 공반된 석촉으로 볼 때 유경식석촉을 제작하기 위한 것으로 추정된다. 그러나 [도 Ⅳ-10]의 6과 같이 재단과정에 있는 형태가 삼각형인 것은 재단 후 얇게 마연하여무경식석촉을 제작하였을 가능성도 있다.[141]

백석동유적[142]은 청동기시대 전기의 유적으로 제작과정을 알 수 있는 석재가 다수 출토되었다[도 Ⅳ-11]. 특히 [도 Ⅳ-11]의 7은 여러 번 재단하여사용한 마지막 단계의 판상석재 자투리로 추정된다.

2단계는 판상석재를 [도 Ⅳ-10]의 7과 같은 찰절구[143]를 사용하여 일정한 크기로 재단하는 공정이다. 보통 석재의 양면을 번갈아 마연한 후 1~2㎜정도 남았을 때 부러뜨려 떼어낸다.

초곡리유적의 [도 Ⅳ-10]의 5는 판상석재에서 찰절기법을 사용하여 폭 2㎝ 정도로 재단해내는 과정에 있는 것이다. 석재의 두께와 폭으로 볼 때 유경식석촉을 제작하기 위한 것으로 추정된다.

백석동유적의 무경식석촉 제작용으로 추정되는 [도 Ⅳ-11]의 21·22는얇은 판상의 석재에서 재단된 상태에 있는 것이다. 유경식석촉 제작용으로

---

140) 嶺南文化財研究院, 2000, 『浦項草谷里遺蹟』.

141) 이 시기에는 무경식석촉과 유경식석촉이 공반하므로 두꺼운 판상석재에서 무경식석촉을 제작하였을 가능성도 있을 것이다.

142) 公州大學校博物館, 1998, 『白石洞遺蹟』.

143) 지금까지 유적에서 찰절구의 출토 사례는 드물다. 그러나 석도로 보고되어 있는 유물 중에서 다수가 찰절구일 가능성이 있다. 재질은 영남지역의 경우 사암이 많다.

추정되는 [도 Ⅳ-11]의 8·9는 양측면에 찰절흔적이 남아있다.

3단계는 재단한 석재를 마연하여 완성하는 공정이다. 월성동유적[144)과 대평리유적[145)에서 출토된 예로 볼 때 [도 Ⅳ-10]의 18~25·29와 같이 먼저 삼각형모양으로 마연하여 형태를 만들고 마지막 과정으로 밑 부분을 제작하여 완성한다. 무경식석촉의 평균두께가 2~3㎜ 정도인 점을 감안할 때 처음에는 粗質의 지석으로 거칠고 빠르게 마연하고, 마지막단계에서 세립질 지석을 사용하였을 것이다. 지석은 대부분 砂岩을 사용하는데 석촉의 날과 등에 마연흔적이 거의 관찰되지 않을 정도로 곱게 마연된 것도 다수 확인되어 최종적으로는 입자가 고운 流紋岩[146)이나 動物皮革에 연마제를 사용하여 마무리했을 가능성도 있다.

백석동유적에서도 3단계 과정을 나타내는 유물이 다량 확인되었다. 마연과정에서 파손된 유물도 다량 출토되었는데 [도 Ⅳ-11]의 12~14와 같이 대부분 경부를 마연할 때 파손율이 높았음을 알 수 있다.

이상과 같이 찰절기법으로 석재를 재단하여 제작하는 방법은 무경식석촉과 이단경식석촉의 제작에서 주로 확인된다. 시기적으로는 청동기시대 전기에 해당한다. 이외에 전기의 석촉 미완성품에서 박편을 이용한 것으로 추정되는 사례가 일부 확인되는데 자료가 많지 않은 점으로 볼 때 일반적으로 사용한 방법은 아닌 듯하다. 석촉을 제작하기 위해 의도적으로 박편을 생산했다기보다 석재를 다듬는 과정에서 우연히 무경식석촉을 제작하기 적합한 상태로 박리된 것을 이용한 것으로 추정된다. 이러한 방법으로 추정할 수 있는 자료는 희박하지만 [도 Ⅳ-10]의 12, [도 Ⅳ-11]의 23과 같이 偏面이 弧狀이고, 측면에 떼기의 흔적이 있어 薄片을 이용했을 가능성이 있다.

---

144) 慶北大學校博物館, 1991, 『大邱月城洞先史遺蹟』.
145) 文化財研究所, 1994, 『晋陽 大坪里 遺蹟』.
146) 화성암의 일종으로 입자가 매우 곱다. 근대까지 철기의 지석으로도 사용되었다.

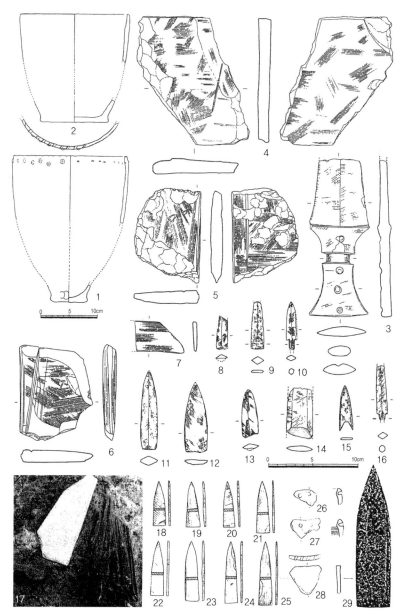

1·2·15·16：초곡리 2호, 3~5·8~10：5호, 11：10호, 12：11호, 6·7：12호,
13·14：16호, 17：송선리 9호, 18~28：월성동 2호, 29：대평리(축척부동)

[도 Ⅳ-10] 미완성 석촉과 공반유물

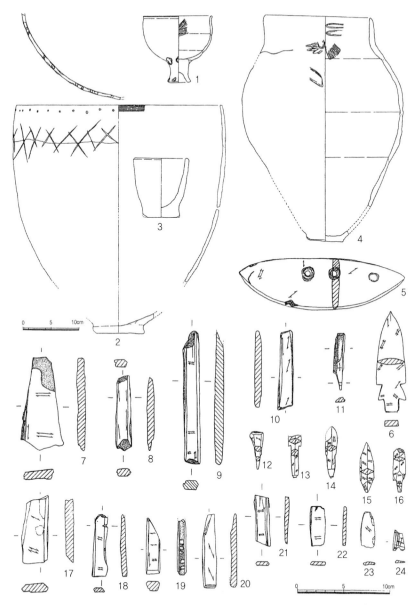

0 5 10cm

1~3·21:A-4호, 4·9·18:A-8호, 5·6:B-2호, 7:B-22호, 8·10:Ⅰ-13-①호,
11:Ⅰ-16-②호, 22:Ⅱ-2호, 12:Ⅱ-7호, 13~17·19·20·23·24:수습

[도 Ⅳ-11] 백석동유적 미완성 석촉과 공반유물

나. 타격기법에 의한 제작

1) 선형석기의 관찰

타격기법에 의한 석촉제작은 선형석기를 제작하는 것이 핵심이다. 따라서 선형석기의 검토를 통해 유경식석촉의 제작공정을 검토하도록 하겠다.

선형석기는 보고서에 미완성석기, 미완성품, 반제품 등으로 기술되어 왔다. 이 석제품의 특징은 평면형태 船形, 단면형태 렌즈형, 타격기법에 의한

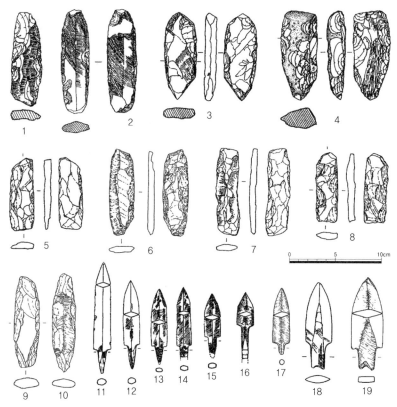

1~4·11~15·18 : 검단리유적, 5~8·16 : 천상리유적, 9·10·17·19 : 황토전유적

[도 Ⅳ-12] 울산지역 선형석기·석촉·석창

성형 흔적 등이다. 이 외에 지역에 따라 퇴적암, 편암 등 층리 또는 편리가 발
달한 석재를 주로 사용한 점, 다양한 크기로 제작되는 점도 특징이라고 할 수
있다[도 Ⅳ-12].

　이러한 타제석기에 대해서는 이미 기존의 연구자들이 석촉의 미완성품일
가능성을 언급하였으며[147] 필자 역시 유경식석촉·석창류의 미완성품일 가
능성을 제시하고 船形石器로 명명하였다.[148] 여기서는 선형석기가 유경식석
촉·석창류의 미완성품이라는 기존 견해를 보완하고자 한다. 검토대상 자료
는 울산지역을 중심으로 하고 기타 지역은 참고로 활용하겠다.

　유적에서 출토된 선형석기를 관찰하면 비교적 제작 공정이 간단한데 이를
모식도로 나타낸 것이 [도 Ⅳ-13]이다. 먼저 노두에서 다양한 크기의 석재
를 채취한다.[149] 다음은 타격기법으로 전면을 성형하여 선형석기로 제작한
다.[150]

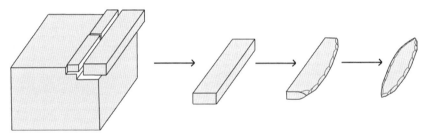

[도 Ⅳ-13] 선형석기 제작공정 모식도

---

147) 韓永熙, 1979, 『松菊里 Ⅰ』, 國立中央博物館.

148) 金賢植, 2003, 「Ⅳ.考察 -黃土田遺蹟 無文土器時代 聚落에 대하여」 『蔚山新峴洞黃
　　土田遺蹟』.
　　黃昌漢, 2004, 「無文土器時代 磨製石鏃의 製作技法 硏究」 『호남고고학보』 20.

149) 지금까지 필자가 실견한 영남지역의 선형석기에서 하천력을 사용한 사례는 전무하
　　다. 따라서 석재의 채취는 노두 부근에서 이루어졌을 가능성이 높다.

150) 선형석기에 적용된 타격기법은 양극기법으로 이에 대해서는 제작기법에서 상세히
　　검토하겠다.

유적에서 출토된 선형석기에서 관찰되는 인공흔에는 박리와 마연흔적이 있다. 이것은 선형석기 그 자체가 완성품이 아님을 의미하며 형태적으로 석촉의 형태에 근접하게 마연이 진행된 것도 확인되어 석촉 반제품의 가능성이 높다고 판단된다. 발굴에 의해 자료가 증가하면서 이러한 특징은 한눈에 보아도 석촉제작의 미완성품임을 알 수 있기 때문에 현재는 선형석기의 용도에 대해서는 이견은 없는 것으로 생각된다.

그런데 선형석기는 제작기법과 형태는 차이가 없지만 크기가 다양하다.

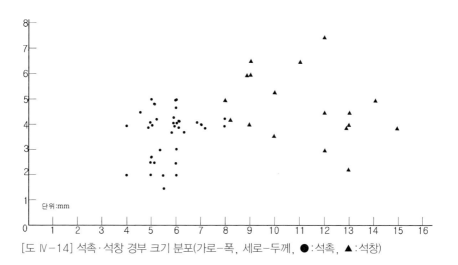

[도 IV-14] 석촉·석창 경부 크기 분포(가로-폭, 세로-두께, ●:석촉, ▲:석창)

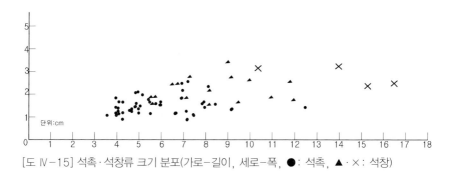

[도 IV-15] 석촉·석창류 크기 분포(가로-길이, 세로-폭, ●: 석촉, ▲·×: 석창)

일반적인 석촉의 크기를 넘어서는 것으로 판단되는 대형의 선형석기는 석창의 미완성품으로 추정된다. 주지하다시피 촉은 활을 이용해서 발사되는 것이며, 창은 자루에 결합되어 찌르거나 던지는 것이다. 이 유물들은 형태적 차이도 있지만 규격에서 차이가 있다. 특히 석창은 석촉에 비해 경부의 폭과 두께에서 큰 차이가 있다.

[도 Ⅳ-14]와 같이 석촉은 경부의 두께가 5㎜를 넘지 않으며 폭도 8㎜를 넘지 않는다. 만약 경부의 폭과 두께가 이 수치보다 두꺼울 경우에는 화살대에 착장이 곤란할 것으로 추정된다. 그러나 석창 제작용 선형석기는 폭이 8㎜를 넘고 있는데 이럴 경우 화살대보다는 자루 등에 결합되었을 가능성이 높다.

반면, 공통점도 있다. 우선 신부의 단면이 능형이며, 끝이 뾰족하다. 그리고 모두 자루에 삽입되기 때문에 경부쪽의 폭과 두께가 신부보다 좁다. 결과적으로 상·하단이 좁은 형태를 가지게 되는 공통점이 있다.

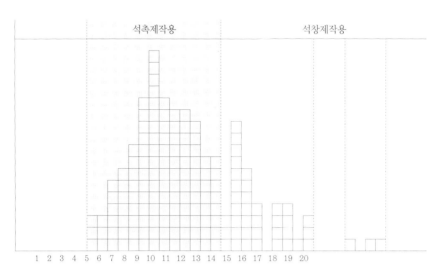

[도 Ⅳ-16] 선형석기 길이에 다른 분포(단위: cm)

이러한 석촉·창류의 형태적 특징은 선형석기의 외형적 특징과 관련이 깊다고 생각된다. 즉 선형의 평면 형태는 위아래를 좁게 다듬기에 매우 유리한 조건의 형태라는 것이다. 또한 단면의 형태도 볼록렌즈형이기 때문에 능형으로 다듬기에도 유리하다. 즉 간단한 마연작업만 하면 선형석기에서 석창·석촉을 쉽게 만들 수 있다.

[도 Ⅳ-15]와 같이 선형석기와 석촉·석창의 크기를 비교하면 양자가 거의 비례하고 있음을 알 수 있다. 따라서 선형석기는 다음과 같이 크게 석촉제작용 선형석기와 석창제작용 선형석기로 구분이 가능하다[도 Ⅳ-16].

석촉제작용 : 3.5~15㎝ 이하 정도의 크기이며 석촉을 제작하는데 적합하다. 소형 중 크기가 큰 것은 석창을 제작할 수 있다.

석창제작용 : 15㎝ 이상의 크기이며 석창을 제작하는데 적합하다. 일부 작은 것은 석촉으로 제작할 수 있으며 큰 것 중에서 비교적 폭이 좁은 것은 2개 혹은 3개로 절단하여 석촉으로 제작할 수도 있다.

그러나 선형석기의 분류는 석촉제작용 또는 석창제작용으로 맞아떨어지는 것이 아니므로 석촉제작용 반제품, 석창제작용 반제품으로 기술하기는 곤란하다. 따라서 유물의 기술에는 선형석기로 고유명사화하여 통칭하는 것을 제인힌다.

2) 선형석기 편년

선형석기의 편년을 확인하기 위해 공반유물을 살펴보도록 하겠다. 공반유물은 문양 있는 토기의 경우, 孔列文이나 橫線文(낟알문)[151]토기와 공반 된다. 무문토기의 문양은 복합문양 → 단순문양 → 무문양으로 변하는 것으로 보는 것이 일반적이다. 그런데 울산지역을 포함한 동남부지역의 편년 연구에

---

151) 횡선문 토기를 검단리식 토기로 부르며 동남부지방의 지역성으로 인식되고 있다.
李秀鴻, 2005, 『檢丹里式土器에 대한 一考察』, 釜山大學校大學院 碩士學位論文.
裵眞晟, 2005, 「檢丹里類型의 成立」『韓國上古史學報』 48.

의하면 횡선문이 늦은 시기까지 존속하고 있는 것으로 파악되고 있다.[152]

석도와 공반되는 경우는 대부분 舟形이다. 주형의 석도도 삼각형 석도가 거의 출토되지 않고 있는 동남부지방에서는 늦은 형식의 석도이다.[153] 석촉은 대부분 일단경식석촉과 공반되었다. 주지하다시피 석촉은 무경식·이단경식→일단경식 순으로 변화하는 것으로 보는 것이 일반적이다.[154]

앞에서 살펴본 공반관계와 기존의 편년안을 종합할 때 울산지역의 선형석기는 청동기시대 후기에 성행하는 것으로 볼 수 있다.

선형석기의 분포는 주로 송국리문화권에서 두드러지는 양상인데 [도 Ⅳ-17·18]과 같이 호서

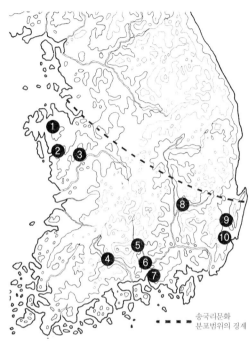

━ ━ ━ 송국리문화
분포범위의 경계

1 : 휴암리유적, 2 : 관창리유적, 3 : 송국리유적, 4 : 대곡리 도롱유적, 5 : 사월리유적, 6 : 남강유적, 7 : 이금동유적, 8 : 동천동유적, 9 : 송선리유적, 10 : 황토전·천상리·연암동·방기리유적

[도 Ⅳ-17] 선형석기 분포 범위

152) 黃炫眞, 2004, 『嶺南地域 無文土器의 地域性硏究』, 釜山大學校大學院 碩士學位論文.
李秀鴻, 2005, 『檢丹里式土器에 대한 一考察』, 釜山大學校大學院 碩士學位論文.
裵眞晟, 2005, 「檢丹里類型의 成立」『韓國上古史學報』48.
153) 董眞淑, 2003, 『嶺南地方 靑銅器文化의 變遷』, 慶北大學校大學院 碩士學位論文.
154) 安在晧, 1990, 「南韓 前期無文土器의 編年」, 慶北大學校大學院 碩士學位論文.

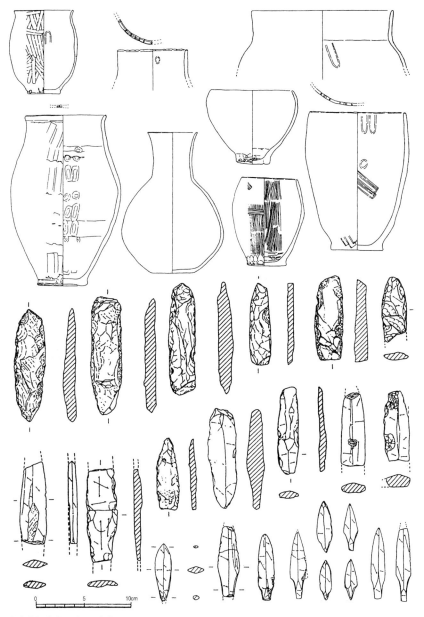

관창리유적 출토유물 일괄

[도 Ⅳ-18] 송국리문화권 선형석기와 공반유물

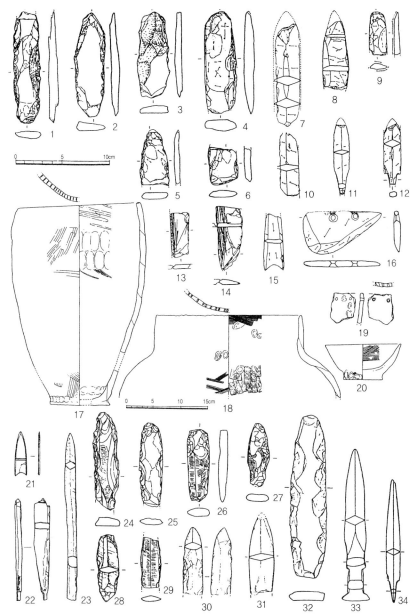

1~20 : 휴암리유적, 21~23 : 삼거리유적, 24~31 : 옥방1·9지구유적, 32~34 : 송국리유적

[도 Ⅳ-19] 송국리문화권 선형석기와 공반유물

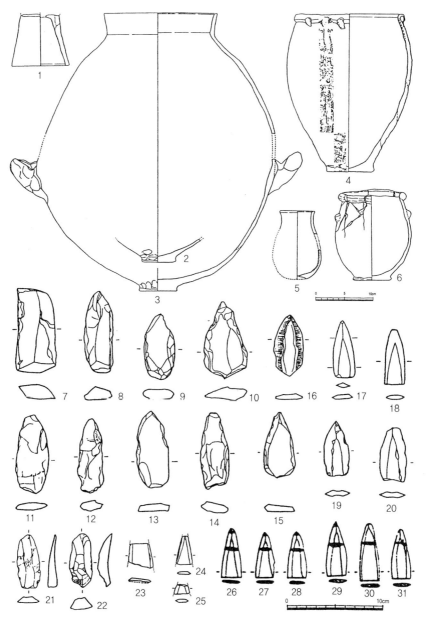

1~20 : 교성리유적, 21~25 : 사촌리유적, 26~31 : 소록도유적

[도 Ⅳ-20] 점토대토기문화권 선형석기와 공반유물

지역을 포함한 경남 남부지역 등의 유적에서도 대체로 청동기시대 후기에 성행하는 것으로 볼 수 있다.

이러한 선형석기는 삼각형점토대토기 단계의 삼각형석촉에서도 확인된다.[155]

삼각형석촉은 전기의 무경식석촉과 형태가 유사하나 제작방법은 선형석기의 제작기법을 계승하고 있다.[156] 제작과정을 살펴볼 수 있는 유물로는 보령 교성리 집자리[157] 출토품이 있다[도 Ⅳ-20]. 선형석기의 측면에 타격조정흔적이 잘 남아있으나 기법이 조잡해진다. 이와 같이 청동기시대 후기에 출현한 석촉제작 기법은 신문화가 출현한 이후에도 한동안 지속된 것으로 보이지만 철촉 등이 보편화되면서 종말을 맞이하게 되는 것으로 볼 수 있다.

다. 선형석기 출현 의미

1) 석촉 제작 체계의 변화

이상과 같이 청동기시대 석촉의 제작방법에 있어서 판상석재를 제작한 후 찰절기법으로 재단하여 마연하는 방법과 타격기법으로 선형석기를 제작한 후 마연해서 완성하는 방법을 확인하였다. 두 가지 제작기법의 검토결과 전자의 방법으로 무경식석촉과 유경식석촉 모두를 제작하지만 그 중에서 찰절기법은 무경식석촉 제작에 더 적합한 방식이며, 선형석기를 통한 제작방법은 유경식석촉 중에서 일단경식석촉에 더 적합한 방식임을 강조하고 싶다. 이에 대한 근거로는 첫째, 무경식석촉과 이단경식석촉이 유행하던 청동기시대 전

---

155) 崔盛洛, 1982, 「韓國磨製石鏃의 考察」『韓國考古學報』 12, 韓國考古學會.
　　이 형식은 주로 Ⅰ식 세형동검과 공반되고 있으며 그 기원을 요동반도에서 구하고 있다.
156) 선형석기를 제작하는 기법이 재지의 청동기문화인들에 의해 계승된 것인지 새로운 문화집단의 전통적인 기법인지는 앞으로 연구대상이다.
157) 國立扶餘博物館, 1987, 『保寧 校成里 집자리』.

기에는 선형석기가 거의 확인되지 않는다는 점과 일단경식석촉이 유행하던 후기의 송국리유형과 검단리유형 분포권에서 주로 확인된다는 점이다[도 Ⅳ-17].

이러한 현상에 대해서는 다음과 같은 해석이 가능하다. 우선, 일단경식석촉이 유행하던 시기에만 선형석기가 확인되는 현상은 선형석기를 제작한 단계에서 석촉 제작을 멈춘 경우가 많다는 것을 반영하는 것이다. 바꿔 말하면 일단경식석촉의 제작 공정이 분리되었을 가능성이 높다. 좀 더 풀어서 설명하면 원석에서 선형석기까지 제작하는 공정과 선형석기를 마연해서 석촉을 완성하는 과정이 분리되었다는 것이다[도 Ⅳ-21]. 따라서 선형석기는 석촉을 제작하기 위한 반제품으로 볼 수 있으며 제작단계에서 우연적으로 생겨난 것이 아닌 하나의 독립적인 기종으로 봐야한다.

이와는 대조적으로 무경식석촉이나 이단경식석촉이 유행하던 시기인 전기에는 미완성석기가 드물게 확인되며 미완성석기도 정형화되어 있지 않다. 이것은 제작 공정이 분리되지 않았을 가능성이 높다.

이상을 종합하면 석촉의 제작 체계는 찰절기법과 타격기법을 활용한 것으로 구분할 수 있는데 두 체계의 차이는 다음과 같다. 찰절기법을 이용한 제작 체계에서는 판상서재 제작공정, 재단, 마연공정이 분리되지 않았지만, 선형석기를 이용한 제작 체계에서는 타격공정과 마연공정이 분리되었다. 이러한

제작공정 분화	
선형석기 제작공정	마연공정

[도 Ⅳ-21] 석촉 제작공정 분화 모식도

제작 체계의 변화는 작업공정이 분업화되었음을 뜻하며 석기 제작 체계가 효율적으로 운영되었음을 알 수 있는 것이다.

2) 선형석기 출현배경

주지하다시피 청동기시대의 마제석촉은 무경식·이단경식에서 일단경식으로 변화한다는 것이 학계의 일반적인 시각이다. 유물의 형식변화는 기능적 변화와 사회적 변화로 구분할 수 있을 것이다. 석촉의 변화에 대한 요인으로서 수렵용에서 무기로의 기능적 변화를 말하기도 한다.[158] 이러한 근거로서 청동기시대 후기에 증가하는 환호를 갈등의 증거로 판단하였고 결국 석촉의 변화는 전쟁 등의 증거와 맥을 같이하는 현상으로 파악하였다. 그러나 대상물에 따라 수렵구와 무기로 구분하는 것 자체가 모순이고 사회적 갈등의 증가에 따른 방어시설로서 축조되었다던 환호도 최근에는 의례 등 특수한 시설의 경계로 보는 시각이 우세하여 재고의 여지가 있다.[159]

필자는 무경식·이단경식에서 일단경식으로의 변화가 석촉의 기능적 효율성을 증가시키기 위한 것보다 석촉 제작의 효율성을 증가시키기 위하여 변화했을 가능성이 높다고 생각한다.[160] 이단경식석촉과 일단경식석촉은 성능면에서 큰 차이가 없을 것으로 추정된다.[161] 그러나 제작하는 데 있어서는 이단경식석촉보다 일단경식석촉이 간단하다는 것은 앞서 살펴본 바와 같다.

선형석기는 이러한 석촉 제작의 효율성 증가와 밀접한 관련이 있다고 생각

---

158) 손준호, 2007, 「마제석촉의 변천과 형식별 기능 검토」 『한국고고학보』 62, 한국고고학회.

159) 李秀鴻, 2015, 「韓半島南部地域靑銅器~三韓時代における環濠遺蹟の變化と性格」 『國立歷史民俗博物館研究報告』 195, 國立歷史民俗博物館.

160) 물론 무경식에서 유경식으로의 변화는 관통력 증대 등 기능적 측면의 변화도 인정될 수 있다. 그러나 관통력 증대는 화살촉 보다 활에 의해 더 크게 작용한다.

161) 필자가 직접 실험한 결과가 없으므로 추정할 수밖에 없다. 그러나 결구된 상태로 본다면 신부의 형태는 동일한 능형으로 성능에 큰 차이는 없을 것으로 볼 수 있다.

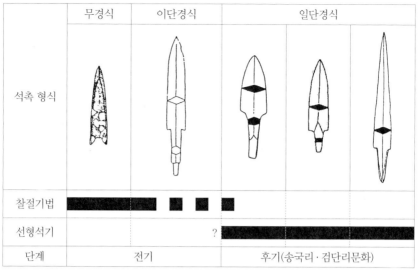

	무경식	이단경식	일단경식		
석촉 형식					
찰절기법					
선형석기		?			
단계	전기		후기(송국리·검단리문화)		

[도 IV-22] 석촉 제작 체계의 변화

되는데 석기 제작이 전문화되고 분업화되는 과정에서 나타난 석기라고 볼 수 있는 것이다. 아마도 타격에 의한 성형공정과 마연공정을 분리하여 각각의 공정을 전문화함으로서 생산성을 높일 수 있었을 것이다.[162]

그러면 이렇게 석촉 제작의 생산성이 증대되도록 요구되었던 원인이 무엇일까? 그전에 말해두고 싶은 것은 생산성의 증대가 반드시 생산물의 양적증가만을 의미하는 것은 아니며, 생산에 소요되는 시간이 절감되는 것도 생산성의 증가라는 것이다.[163]

그렇기 때문에 석촉 제작의 생산성이 좋아졌다고 해서 반드시 많은 석촉이 제작되었다거나, 또는 그러한 사회적 요구가 있었다고 보기 어렵다. 실제로

---

162) 애덤 스미스, 1992, 『국부론』, 두산동아.
163) 편집동인 노동과 사랑, 1984, 『정치경제학 사전』, 이론과 실천.

일단경식석촉이 성행하던 후기에 다른 유물에 비해 석촉이 많이 증가했다는 증거를 찾을 수 없다.

청동기시대 후기의 송국리문화 단계가 되면 수도작이 도입[164]되고 다양한 형태의 농경이 이루어지며 이전 단계에서는 볼 수 없었던 새로운 문물들[165]이 등장하는데, 이러한 현상은 한편으로 사회가 좀 더 복잡해지고 발달한다는 것을 의미한다고 볼 수 있다. 따라서 이전의 전기보다 많은 분야에 노동력이 필요하게 되며 석촉 생산시스템의 변화를 통해 얻어진 석촉 생산성의 증가는 이러한 사회적 요구에 부응하여 적용된 결과라고 생각된다. 도구의 변화가 도구자체의 효율성을 높이기 위해 변하는 것이 아니라 도구제작의 효율성을 높이기 위해 변한다는 증거는 석촉의 경우에만 해당되는 것은 아니다. 석겸, 석도, 석부 등 대부분의 도구에서도 이러한 모습을 엿볼 수 있으며, 무문토기의 문양이 소멸되는 것, 용량이 작아지는 것 등도 일맥상통한다고 생각된다.[166]

3. 석검 제작

청동기시대의 석기 중에서 가장 먼저 연구가 시도된 것은 석검과 석촉이다.[167] 이것은 석검과 석촉이 각 유적에서 많은 수가 출토될 뿐만 아니라 시간성 및 공간성을 반영하는 중요한 유물로 인식되었기 때문이다.

---

164) 安承模, 2000, 「稻作의 出現과 擴散」『韓國 古代의 稻作文化』, 국립중앙박물관 학술심포지움 발표요지.

165) 요령식동검, 유구석부, 플라스크형 단도마연토기, 부리형석기, 구획묘 등.

166) 김현식, 2015, 「송국리유형의 출현배경」『東亞文化』18, 東亞細亞文化財研究院.

167) 有光敎一, 1959, 『朝鮮製石劍의 硏究』, 京都大學文學部考古學叢書第二冊.
임세권, 1977, 「우리나라 마제석촉의 연구」『韓國史研究』17, 韓國史研究會.
崔盛洛, 1982, 「韓國磨製石鏃의 考察」『韓國考古學報』12, 韓國考古學會.

마제석검은 청동기시대 전기에서 후기까지 사용되었다. 분포상은 한반도를 중심으로 중국동북지방과 일본지역에서도 확인되고 있다. 출토자료가 희박했던 과거에는 주로 부장용으로 인식되기도 하였으나 점차 주거지 등의 생활공간에서 출토예가 증가하고 있다.[168] 이와 같이 마제석검의 시공간적인 범위와 다양한 출토 양상은 당시의 문화적 계통이나 사회상을 연구하는데 중요한 자료이다.

마제석검에 대한 연구는 일본인 有光敎一에 의해서 시작되었다.[169] 그의 연구는 석검연구의 시초라는 의미는 있지만 한국 마제석검의 기원이 세형동검의 모방이라는 오류를 범하는 등 적지 않은 혼선을 빚게 하였다. 이러한 문제는 파주 옥석리유적이 발굴조사되면서 확인된 석검의 연대가 세형동검보다 이른 시기라는 주장이 제기되면서 재고되기 시작하였다.[170]

이후 형식분류나 공반유물의 검토를 통해 체계적으로 연구되기 시작한 것은 1980년대에 들어서이다. 沈奉謹[171]은 석검을 형식분류하고 석촉, 단도마연토기 등의 공반유물을 검토하여 단계를 설정한 것이 주목되며, 安在晧[172]는 이를 바탕으로 신부의 변화보다 병부의 속성이 시간성을 반영하는 것으로 파악하여 형식을 분류하고 유물의 공반관계를 검토하였다. 李榮文[173]은 전남지방의 자료를 중심으로 석검의 기능 등에 대해 폭넓게 검토하

168) 이재운, 2011, 『남한지역 청동기시대 주거지 출토 석검 연구』, 목포대학교 고고인류학과 석사학위논문.

169) 有光敎一, 1959, 『朝鮮磨製石劍의 研究』, 京都大學文學部考古學叢書第二冊.

170) 金載元·尹武炳, 1967, 『韓國支石墓研究』, 國立博物館.

171) 沈奉謹, 1989, 「日本 彌生文化 初期의 磨製石器에 대한 研究 -韓國 磨製石劍과 關聯하여-」 『嶺南考古學』 6, 嶺南考古學會.

172) 安在晧, 1990, 『韓國 前期無文土器의 編年 -嶺南地方의 資料를 中心으로-』, 慶北大學校 考古人類學科 碩士學位論文.

173) 李榮文, 1997, 「全南地方 出土 磨製石劍에 관한 研究」 『韓國上古史學報』 24, 韓國上古史學會.

였다. 석검의 조형과 관련된 논고로는 小黑石溝 8501묘에서 출토된 동검 자료를 이단병식석검의 조형으로 설정한 점이 주목된다.[174] 朴宣映[175]은 석검의 의미가 무기나 신분의 상징에만 한정되지 않고 시기에 따라 상징적인 성격에서 의례적인 성격으로 변화된다는 견해를 제시하였다. 이 외에도 석검과 관련한 다수의 논고가 발표되고 있으며, 연구주제는 기원, 편년, 계통, 의미, 계층성 등으로 다양하게 진행되고 있다.[176]

마제석검이 많은 의미를 함축하고 있는 유물임은 주지의 사실이다. 따라서 석검의 연구는 분류나 편년 등 기본적인 연구에서 벗어나 그 유물이 가지고 있는 총체적인 문화의 배경과 발전과정을 다각적이고 체계적으로 연구하여 당시의 문화와 사회상을 밝히려는 노력이 있어야 한다고 지적된 바 있다.[177] 여기서는 이러한 노력의 일환으로 지금까지의 연구 방법과는 다르게 제작기법을 검토하고, 각 형식별로 제작양상이 어떻게 변화하는지 고찰하도록 하겠다.

청동기시대 남한지역출토 석검의 형식은 이단병식-유절병식-일단병식-유경식으로 구분되며 대체로 시간성을 반영하는 것으로 인정되고 있다. 따라서 본고는 이를 수용하여 이단병식석검은 전기, 유절병식석검 단계부터 후기

---

174) 近藤喬一, 2000, 「東アジアの銅劍文化と 向津具の銅劍」『山口縣史』資料編 考古 1.

175) 朴宣映, 2004, 『南韓 出土 有柄式石劍 硏究』, 慶北大學校 碩士學位論文.

176) 沈奉謹, 1989, 「日本 彌生文化 初期의 磨製石器에 대한 硏究 -韓國 磨製石劍과 關聯하여-」『嶺南考古學』6, 嶺南考古學會.
安在晧, 1990, 『韓國 前期無文土器의 編年 -嶺南地方의 資料를 中心으로-』, 慶北大學校 考古人類學科碩士學位論文.
李榮文, 1997, 「全南地方 出土 磨製石劍에 관한 硏究」『韓國上古史學報』24, 韓國上古史學會.
近藤喬一, 2000, 「東アジアの銅劍文化と 向津具の銅劍」『山口縣史』資料編 考古 1.
朴宣映, 2004, 『南韓 出土 有柄式石劍 硏究』, 慶北大學校 碩士學位論文.
배진성, 2006, 「석검 출현의 이데올로기」『石軒 鄭澄元敎授 停年退任記念論叢』.

177) 李榮文, 1997, 「全南地方 出土 磨製石劍에 관한 硏究」『韓國上古史學報』24, 韓國上古史學會.

로 구분하고자 한다. 검토대상 자료는 영남지역을 주로 하였으며 기타 지역은 참고 자료로 활용 하겠다.

가. 제작 공정

석검의 제작 공정을 알 수 있는 유물은 주로 주거지에서 확인되고 있다. 그러나 미완성품을 통해 석검의 형식별 제작공정을 모두 파악할 수 있을 정도의 구분은 어렵다. 따라서 전기의 석검과 후기의 석검으로 대별하여 제작 공정을 살펴보도록 하겠다.

전기의 석검 미완성품은 제작 공정을 파악할 수 있는 양호한 자료가 다수 확인되었다[도 Ⅳ-23]. 경주 용강동유적에서는 이단병식석검과 미완성 제품이 공반되었으며 울산 교동리유적에서는 미완성 반제품이 양호한 상태로 출토되었다. 이외에도 완성된 이단병식석검의 병부, 신부편과 제작과정을 추정할 수 있는 유물이 주거지에서 다수 확인되었다.

이단병식석검의 제작은 3단계 정도로 구분된다[도 Ⅳ-24]. 평면 형태와 크기에서만 차이가 있을 뿐 타격기법으로 선형석기를 제작한 후 완성하는 석촉제작 과정과 대동소이하다. 이단병식석검 제작공정의 가장 큰 가시적인 사항은 병부의 완성노이나.

1단계는 선형석기 제작공정과 같이 석재를 채취하여 타격기법으로 성형하고 일부 마연이 행해지는 것이다[도 Ⅳ-13]. 타격기법은 잔존한 상태의 유물로 볼 때 큰떼기로 박리하여 대강의 형태를 만들고 인부는 잔떼기로 정밀하게 성형하였다. 병부의 성형은 거의 이루어지지 않는다. 2단계는 병부의 윤곽을 만들고 전체적으로 마연이 진행되는 단계이다. 3단계는 정마로 완성하는 것이다. 이 과정에서 [도 Ⅳ-23]의 17과 같이 고타로 전면을 정교하게 성형하는 과정의 유물도 확인된다. 대체로 유물의 제작에서 선고타 후마연이 일반적이고 다른 석검의 미완성품에서도 타격조정 후 바로 마연작업을 실시한 경우가 많은 점으로 본다면 석검의 제작에서 고타기법은 일반적인 것은

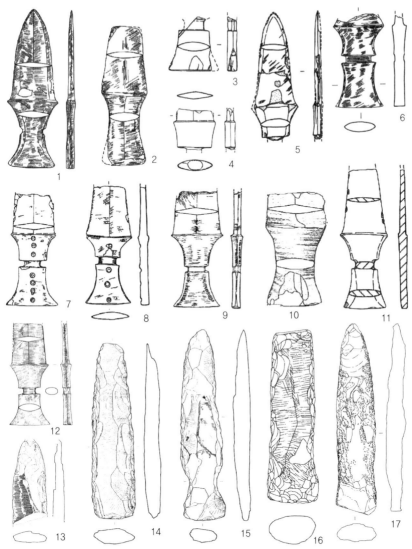

1·3：밀양 희곡리 3호, 2：밀양 희곡리 5호, 4：대구 송현동 7호, 5：포항 원동 4호, 6：청주 비하동 8호, 7：울주 구수리 6호, 8：포항 초곡리 5호, 9：강릉 입암동 1호, 10：대구 대봉동 19호, 11：경산 옥곡동 A20호, 12：경주 용강동 12호, 13·14：경주 용강동 45호, 15：경주 용강동 46호, 16：울산 교동리 8호, 17：울산 교동리 9호

[도 Ⅳ-23] 전기 주거지(유적) 출토 석검과 미완성품

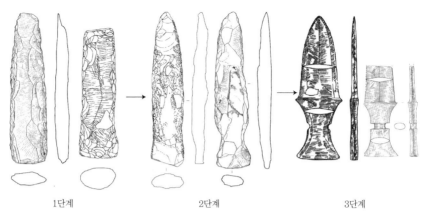

| 1단계 | 2단계 | 3단계 |

[도 Ⅳ-24] 전기 이단병식석검 제작공정

아닌 듯하다. 아직은 사례가 드물어 일반적인 과정인지에 대해서는 좀 더 자료의 증가를 기다려야 할 것 같다.

후기 석검의 형식은 유절병식, 일단병식, 유경식으로 제작 공정을 추정할 수 있는 미완성품은 전기와 마찬가지로 주거지에서 확인된다. 그런데 미완성품에서 석검의 형식을 추정할 수 있는 것은 유경식석검이 다수이며 일부 일단병식석검이 확인되나 매우 조잡한 것이 대부분이다. 유절병식석검으로 추정되는 미완성품은 확인된 바 없다.

[도 Ⅳ-25]의 12·13·14는 각각 석창 또는 석겸의 미완성품으로 보는 견해도 있으나 전체적인 규모와 대칭성으로 볼 때 미완성석검일 가능성이 높다. 미완성품의 규모는 길이가 23㎝ 정도이며 두께는 최대 2㎝를 넘지 않는다. 이보다 더 두꺼우면 마연시간이 늘어나고, 얇게 제작하려면 파손의 위험이 높을 것으로 보인다.

미완성품은 전체적으로 양쪽 중앙부에 크게 형성된 패각상의 박리흔이 있으며 인부는 작은 힘으로 세밀하게 박리조정되었다. 타격기법의 특징은 날 부분이 지그재그 형태로 박리된 점이다. [도 Ⅳ-25]의 14는 길이 17㎝ 정도

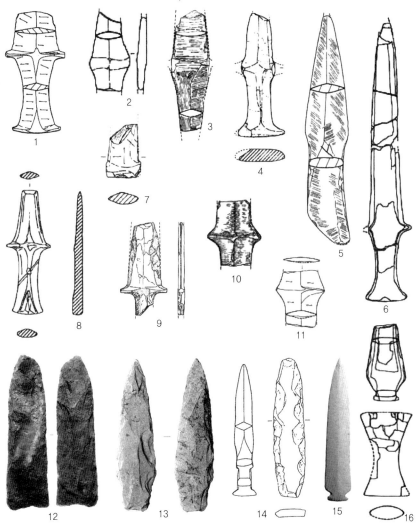

1 : 대전 복룡동 1호, 2 : 울산 검단리 27호, 3 : 울산 검단리 84호, 4 : 보령 관창리 38호, 5 : 오창 장대리 16호, 6 : 임실 망월촌 2호, 7 : 보령 관창리 100호, 8 : 보령 관창리 40호, 9 : 거창 양평리 16호, 10 : 거제 덕포 4호, 11 : 대구 동천동 29호, 12 : 진주 대평리, 13 : 대구 서변동, 14 : 부여 송국리 54-2호, 15 : 주교리, 16 : 부여 송국리 54-11호

[도 Ⅳ-25] 후기 주거지(유적)출토 석검과 미완성품

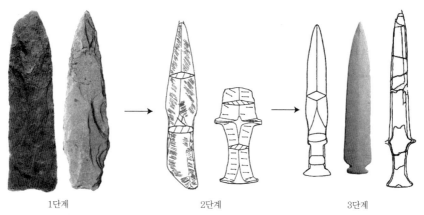

| 1단계 | 2단계 | 3단계 |

[도 Ⅳ-26] 후기 석검 제작공정

의 소형제품으로 소위 송국리형석검의 중간제품으로 추정된다. 석촉 또는 석창을 제작하기 위한 선형석기보다 길다.

후기 석검의 제작공정도 3단계 정도로 구분된다[도 Ⅳ-26]. 전기의 석검과 대동소이하나 고타기법이 적용된 사례는 확인되지 않았다. [도 Ⅳ-25]의 13과 같이 1단계에서 완성된 형태의 석검 형식을 추정할 수 있는 유물도 있다. 후기 석검의 제작 양상은 전기와 마찬가지로 정형화된 유물을 제작하기 위한 것으로 보이지만 일단병식의 경우는 전기에 비해 매우 조잡한 것이 특징이다. 즉 일단병식석검은 정형화된 완성형의 석검을 제작했다기보다는 형식적으로 제작된 듯한 느낌이 강하다.

나. 마제석검의 제작 체계

이상과 같이 청동기시대 마제석검의 제작공정을 전기와 후기로 구분하여 살펴보았다. 제작공정은 전기 석검의 일부에서 고타과정이 있는 경우를 제외하면 전반적으로 대동소이하다. 그런데 제작공정을 파악하기 위해 주거지에서 출토된 미완성품을 정리하면서 특이한 점이 확인되었다. 그것은 전기의 석검과 후기의 늦은 단계에 해당하는 유경식석검의 자료는 비교적 선명하게 드러나는 반면 유절병식석검과 일단병식석검의 자료는 거의 확인되지 않는다는 점이다. 필자는 구고에서 유절병식석검과 일단병식석검은 주로 혼펠스라는 석재로 제작되며 특정 생산지가 있을 것으로 추정한 바 있는데 그 생산지와 제작자가 고령과 대구 일대의 청동기시대 집단일 것으로 추정하였다.[178] 이와 같이 두 형식의 석검이 특정 산지를 중심으로 제작되었다는 주장은 주거지의 제작자료 부재와 관련될 가능성이 높다고 판단된다. 이와 관련하여 전장에서 검토하였던 혼펠스제 마제석검의 산지 검토 결과와 더불어 석검제작 체계의 변화에 대해 살펴보도록 하겠다. 석검의 형식별 분포는 기존의 연구성과를 참조하겠다.[179]

한반도 남부지역에서 청동기시대 전기에 해당하는 이단병식석검의 분포는 전국적인 분포상이다[도 Ⅳ-27]. 이를 참조하면 형식별로 지역성이 확인되기도 한다.

이 석검의 제작은 주거지에서 미완성제품이 다수 확인된 점으로 볼 때 각 취락 단위에서 직접 생산한 것으로 볼 수 있다. 또한 제작에 사용된 석재는 각 지역별로 산출되는 석재를 선택하였는데, 영남지방은 이암이 다수이며 호서지역과 강원지역은 편암이 주로 사용되고 부분적으로 이암을 사용하였다. 주거지에서 출토된 미완성품은 석촉제작에 반제품으로 제작되었던 선형석기와 유사한 형태로 확인된다. 즉 석촉의 제작공정이 전기의 찰절에서 후기의

---

178) 황창한, 2011, 「청동기시대 혼펠스제 마제석검의 산지추정」『考古廣場』9, 釜山考古學研究會.
178) 황창한, 2011, 「청동기시대 혼펠스제 마제석검의 산지추정」『考古廣場』9, 釜山考古學研究會.
   황창한, 2013, 「대구지역 청동기시대 석기생산 시스템 연구」『嶺南考古學』67, 嶺南考古學會.
179) 朴宣映, 2004, 『南韓 出土 有柄式石劍 研究』, 慶北大學校 考古人類學科 碩士學位論文.
   張龍俊·平郡達哉, 2009, 「有節柄式 石劍으로 본 無文土器時代 埋葬儀禮의 共有」『한국고고학보』72, 한국고고학회.

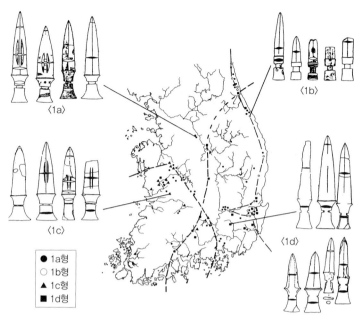

[도 Ⅳ-27] 이단병식석검 분포도(박선영 2004에서 전재)

타격에 의한 선형석기로 제작 제계의 변화가 일어난 반면, 석검은 이미 전기부터 대형 선형석기의 형태로 제작되었다. 따라서 석검은 전기단계부터 이미 제작 공정이 분리되어 있었다고 볼 수 있으며 그 이유는 석검이 가지는 상징성과 결부될 수 있을 것이다.

그런데 석검의 제작 체계에 변화가 감지되는 것은 유절병식석검 단계부터이다. 이 단계부터 석검의 형태적 통일성이 확인되어 전문공인 또는 동일한 제작자에 의해 제작되었을 가능성이 제기되었다.[180] 또한 석검의 의미도 유

---

180) 張龍俊·平郡達哉, 2009, 「有節柄式 石劍으로 본 無文土器時代 埋葬儀禮의 共有」 『한국고고학보』 72, 한국고고학회.

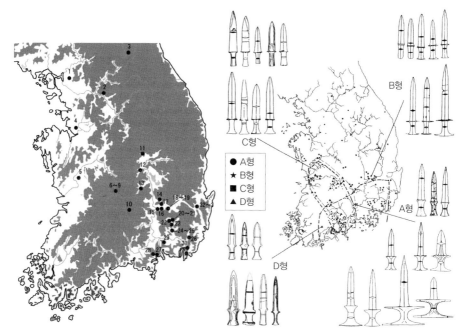

좌: 유절병식석검의 분포(張龍俊·平郡達哉 2009), 우: 일단병식석검의 분포(박선영 2004 개변)
[도 Ⅳ-28] 유절병식석검과 일단병식석검 분포도

력자의 상징적 성격에서 의례적 성격으로 변화되었다는 견해[181]가 제시되었
는데 대부분 공감대를 형성할 수 있는 주장들이다.

　유절병식석검에 대한 선학들의 이러한 주장에 더하여 필자가 주목한 것은
석검의 석재이다. 이 단계부터 석검의 석재가 혼펠스 일색으로 변하기 때문
이다. 전술한 바와 같이 혼펠스제 마제석검은 고령을 중심으로 제작되어 유
통된 것으로 생각된다. 이러한 양상은 유절병식석검의 분포상에서도 드러난

---

181) 朴宣映, 2004, 『南韓 出土 有柄式石劍 硏究』, 慶北大學校 考古人類學科 碩士學位
　　論文.

다[도 Ⅳ-28]. 혼펠스로 제작된 유절병식석검의 주 분포지는 고령, 대구를 중심으로 하며 이 일대를 중심으로 분포하는 양상이다. 이후 송국리문화가 확산되면서 일단병식석검도 전국적으로 확산되는 양상인데 역시 혼펠스제 석검은 유절병식석검과 마찬가지로 고령, 대구 일대의 청동기시대 집단으로 부터 제작되어 유통되었을 것으로 추정된다.

한편, 일단병식석검이 지역성을 띤다는 견해가 있다.[182] 이러한 결과가 유효하다면 필자의 견해를 달리 해석할 수 있는 결과이다. 석검이 지역성을 띤다면 전기의 이단병식석검과 같이 제작자가 달랐을 개연성이 높기 때문이다.[183] 그러나 일단병식석검의 각 형식은 대체로 전반적인 분포양상이다[도 Ⅳ-28]. 따라서 석검은 지역성보다 시간성을 반영할 가능성이 높다고 판단된다.[184] 또한 혼펠스제 일단병식석검의 제작자는 유절병식석검의 제작집단과 동일할 가능성이 높다고 생각된다. 가장 큰 이유로는 석검을 제작할 수 있는 혼펠스의 산지가 제한적이며 이를 다루는 기술적 수준이 축적되어 있을 것이기 때문이다. 석검의 제작에서 이단병식석검의 제작이 유절병식이나 일단병식에 비해 어렵다는 견해가 있어[185] 어느 집단에서나 손쉽게 혼펠스제 마제석검을 제작할 수 있는 것으로 생각하기 쉽다. 그러나 실제 석검의 제작에서 이단의 병부를 마연으로 제작하는 것은 다소 시간이 소요되고 까다롭기는 하지만 어려운 점은 아니다. 또한 이러한 견해는 석검의 재질을 간과한 것으로서 이단병식석검의 재질인 이암과 편암류의 경우는 혼펠스제 석기보다

---

182) 朴宣映, 2004, 『南韓 出土 有柄式石劍 硏究』, 慶北大學校 考古人類學科 碩士學位論文.

183) 지역성의 또 다른 가능성은 혼펠스반제품을 유통하고 각지에서 제작하는 것이다. 그러나 현재까지 이러한 자료는 전무한 실정이어서 가능성은 희박해 보인다.

184) 安在晧, 1991, 『南韓 前期無文土器의 編年 -嶺南地方의 資料를 中心으로-』, 慶北大學校 考古人類學科 碩士學位論文.

185) 朴宣映, 2004, 『南韓 出土 有柄式石劍 硏究』, 慶北大學校 考古人類學科 碩士學位論文.

제작이 수월하다. 오히려 마제석검의 제작에서 가장 어려운 점은 길이에 있다. 특히 석검의 제작에서 형태를 다듬는 기법으로 양극기법 등 다양한 타격기법을 활용하는데[186] 길이가 길수록 파손의 위험이 높기 때문이다. 따라서 유절병식석검 단계에서 석검의 재질과 장신화는 제작에서 가장 수준 높은 기술을 보유했던 것으로 파악될 수 있는 것이다. 이러한 기술적 수준은 타 집단에 비해 차별되었을 것이며, 고령을 중심으로 산출되는 혼펠스 산지의 점유는 재지집단에 의해 지속적으로 석기제작 체계를 유지할 수 있는 원동력이 되었을 것이다.

이후 석검의 제작체계에 다시 한 번 변화가 감지되는 것은 후기 후반이다. 이 시기의 석검은 일단병식과 유경식석검인데 앞서 살펴본 바와 같이 유경식석검의 미완성품이 주거지에서 다수 확인되기 시작한다.[187] 유경식석검은 목병을 결합하여 실용기로서의 기능성이 강조되는 것으로 보인다.

다. 제작 체계의 변화 요인

마제석검의 기능[188]에 대해서는 이견이 없지만 용도에 대해서는 의기로 보는 것이 일반적이다.[189] 이런 측면에서 석검이 형식적인 전쟁을 통해 집단의 내적통합을 목적으로 사용되었다는 견해[190]와 무덤전용으로 변화되면서 의

---

186) 황창한, 2009, 「靑銅器時代 石器 製作의 兩極技法 研究」『韓國上古史學報』 63, 韓國上古史學會.

187) 석재는 이암이 다수이다. 이것은 혼펠스제 석검을 소유할 수 없는 집단이나 개인이 차선으로 선택한 것으로 추정된다. 이러한 상황은 석검을 통해 유지되던 사회시스템에 서서히 문제점이 드러나기 시작하는 청동기시대 종말기의 양상이라고 생각된다.

188) 석검의 기능은 찌르거나 베는 것이다.

189) 실용구로 보는 입장도 있다(尹德香 1977). 후기의 유경식석검은 실용구일 가능성이 높다.

190) 裵眞晟, 2006, 「석검 출현의 이데올로기」『石軒 鄭澄元敎授 停年退任記念論叢』. 배진성, 2007, 『무문토기문화의 성립과 계층사회』, 釜山大學校大學院 博士學位論文.

석검 형식	전기	후기(송국리·검단리문화)
이단병식석검 (위세품 > 의례품)	■ ████████ ■ ■	개별 생산(재지석재)
유절병식석검 (의례품)	특정 생산(혼펠스)	■ ██ ■
일단병식석검 (의례품)	특정 생산(혼펠스), 개별 생산(재지석재)	■ ████████ ■
유경식석검 (실용품)		개별 생산(재지석재) ███

[도 Ⅳ-29] 마제석검 제작 체계의 변화

례화가 강조되었다는 주장은 상당히 설득력 있다.[191] 즉 생활 의례품에서 매장 의례품으로 의미가 변화되는 것이다.

결국 석검의 제작체계는 사회적 의미 변화에 의해 결정되었을 가능성이 높은데 이러한 양상의 일단을 암각화와 병부과장식석검[192]에서 볼 수 있다.

경북 포항 인비리 16호 지석묘에 마제석검 2점과 석촉으로 추정되는 문양 1점이 선으로 음각되어 있다.[193] 이중에서 두개의 석검은 비교적 상세히 묘사되어 있는데 두 점 모두 이단병식석검으로 병부의 상단에 두개의 혈이 음각되어있는 장식석검이다[도 Ⅳ-30].[194] 즉, 이 지석묘에 음각된 석검은 의

裵眞晟, 2007, 『無文土器文化의 成立과 階層社會』, 서경문화사.

191) 朴宣映, 2004, 『南韓 出土 有柄式石劍 硏究』, 慶北大學校 考古人類學科 碩士學位論文.

192) 이종철, 2016, 「병부과장식석검과 그 제작 집단에 대한 시론」『한국상고사학보』 92, 한국상고사학회.

193) 國立慶州博物館, 1985, 「月城郡. 迎日郡地表調査報告書」『國立博物館古蹟調査報告書』 제17책.

194) 黃昌漢, 2008, 「靑銅器時代 裝飾石劍의 檢討」『科技考古硏究』 14, 아주대학교박

1 : 인비리, 2 : 오림동

[도 Ⅳ-30] 석검 암각 지석묘

례 또는 숭배의 대상일 가능성이 높다. 또한 여수 오림동 지석묘[195)]에도 석검이 새겨져 있는데 일단병식석검이다[도 Ⅳ-30]. 이를 통해 본다면 석검은 전기에서 후기까지 지속적으로 숭배의 대상이었음을 알 수 있다. 그런데 이 두 암각화의 비교에서 특이할 만한 사항은 바로 석검의 병부와 신부이다. 이단병식석검은 검신에 비해 병부의 크기가 크게 강조된 점이 특이한데 주거지에서 출토된 이단병식석검 중에서 신부가 결실된 상태로 병부만 확인되는 사례가 많다. 이것은 신부가 결실되고 병부만 잔존하더라도 그 의미가 여전히 유지되었음을 시사하는 것이라고 생각된다. 이러한 점에서 석검형태의 암각화가 변화하여 영남지방에서 확인되고 있는 기하문의 암각화문양으로 변화 발전한다는 宋華燮[196)]의 논고가 흥미롭다. 그는 마제석검과 석촉이 권위를 상징하는 것으로 파악하고 영남지방에서 확인되는 기하학적 암각문양이 석

물관.

195) 李榮文·鄭基鎭, 1992, 『麗水 五林洞 支石墓』, 全南大學校 博物館.

196) 宋華燮, 1994, 「先史時代 岩刻畵에 나타난 石劍·石鏃의 樣式과 象徵」『韓國考古學報』 31, 韓國考古學會.

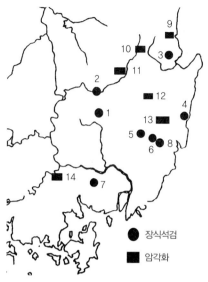

1:청도 진라리, 2:경산 옥곡리, 3:포항 초곡리,
4:양남 하서리, 5:언양 동부리, 6:울주 구수리,
7:의창 평성리, 8:울주 굴화리, 9:연일 칠포리,
10:연일 인비리, 11:영천 보성리, 12:경주 금
장대, 13:울산 천전리, 대곡리, 14:함안 도항리
[도 IV-31] 암각화와 장식석검 분포도

검과 석촉에서 변화된 양상으로 파악하고 있다. 필자는 구고에서 이단병식석검의 형식에 포함되는 장식석검의 분포가 암각화의 분포범위와 거의 일치한다는 점에 착안하여 관련성이 있음을 제시한 바 있다[도 IV-31].197)

그런데 김해 무계리 출토 석검과 같이 병부가 과장된 후기 석검의 분포도 이 분포권과 동일하며 암각화의 모양이 과장되는 것은 우연의 일치일까[도 IV-32]. 즉 전기의 석검이 가지는 의미가 암각화로 이입되어 숭배의 대상이 되었으며, 혼펠스로 제작된 병부과장식석검은 의례적 상징성이 극대화된 것으로 볼 수 있다.

상기한 바와 같이 마제석검의 제작체계는 전기와 후기에 걸쳐 변화하는 것으로 파악된다. 전기의 이단병식석검은 각 집단에서 자체적으로 제작하여 사용한다. 의미는 주거지에서 출토 사례가 많은 점으로 볼 때 상징성이 강한 위세품으로 볼 수 있으며 무덤에도 부장되어 매장 의례품으로도 사용된다. 이후 유절병식석검과 일단병식석검은 주로 무덤에 부장되는 점으로 볼 때 매장 의례품으로 정착된다. 특히 혼펠스제 마제석검은 특정 생산지에서 제작되어

---

197) 黃昌漢, 2008, 「青銅器時代 裝飾石劍의 檢討」『科技考古研究』14, 아주대학교박물관.

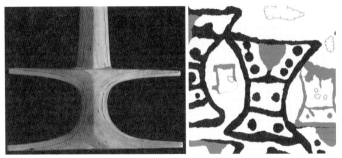

[도 IV-32] 김해 무계리 석검(국립김해박물관 2018)과 칠포리 암각화
(울산암각화박물관 2012)

유통된 것으로 볼 수 있다. 이러한 석검의 의미는 후기 후반에 들어서면서 유경식석검의 등장으로 실용구로서의 측면이 강조되며 그동안 유지되었던 매장 의례품으로서의 상징성이 퇴색되었다고 볼 수 있다.

4. 제작 실험

실험고고학이란 고고학적 자료들을 설명하기 위해서 과거와 동일한 조건에서 실험적으로 그 용도를 연구하는 고고학의 한 분야이다. 즉 인위적으로 조절된 상황하에서 확인되는 공통점을 관찰하는 것이다. 실험고고학은 주어진 변수, 즉 상황을 비교적 정확히 파악할 수 있을 뿐만 아니라 변화의 과정을 관찰할 수 있다는 이점이 있으나 주어진 모델이 꼭 고고학적인 현상을 그대로 반영한다고 할 수 없는 약점이 있다.[198] 결국 이러한 문제점은 실험대상에 따라 과연 어느 정도의 객관적인 신빙성을 확보할 수 있는지가 관건이

---

198) Archaeology(R.J.Sharer and W.Ashmore, Mayfield, 1993), In the Beginning(B.Fagan, HarperCollins, 1991).

다. 예를 들어 석도의 실험결과에 대해서는 육류나 어류를 자르거나 베는데 성공하였다고 해서 반드시 그 결과가 유효하다고 받아들이는 것은 곤란하다는 것이다.[199] 즉, 이와 같이 용도를 추정하는 실험결과는 변수가 많기 때문에 수많은 반복실험과 사용흔 분석 등의 결과가 종합될 때 객관성을 확보할 수 있을 것이다. 반면 본고에서 복원하고자하는 제작기법의 실험은 이러한 변수가 비교적 적은 경우에 해당한다. 그 이유는 앞서 설명한 바와 같이 '어떻게 사용했는가'는 변수가 많지만 '어떻게 제작되었는가'는 실험 결과물과 실제 유물과의 직접적인 비교를 통해 유사성을 확인하는 것이 용이하기 때문이다.

마제석기의 제작실험은 유적에서 출토된 미완성석기에 잔존하는 흔적을 관찰하고 어떠한 타격기술로 형태를 성형하였는가를 복원하는데 목적이 있다. 따라서 최종단계인 마연은 실험에서 제외하였다.

실험 대상유물은 미완성품 중에서 완성품의 형태를 짐작할 수 있는 유물을 대상으로 하였다. 앞서 살펴본 바와 같이 제작과정을 알 수 있는 미완성품에는 대표적으로 석촉, 석검이 있으며 석창, 석도, 석부도 다수 확인된다. 이외에 타제품 자체가 완성품으로 추정되는 원판형석기, 부리형석기도 있는데, 이들 역시 실험제작에 참조하였다.

실험대상 미완성석기류에서 확인되는 타격기법의 특징은 석기 전면에 타격흔적이 확인되며 인부를 중심으로 지그재그의 타격흔적이 관찰된다는 것이다. 즉, 인부를 중심으로 좌우가 대칭을 이루며 박리가 이루어져 있다. 이러한 기법은 양극기법과 수직타격기법을 활용하여 제작된 실험품과 동일한 양상이다. 객관성을 높이기 위해 복원한 제품에 잔존하는 타격기법과 실제 미완성유물에 잔존하는 유물의 비교에는 청동기학회 석기분과 전공자들의 견해가 있었다. 비교결과, 실제유물과 동일한 형태의 박리흔이 형성되었다는 결론을 내렸다.[200] 따라서 실험제작은 양극기법과 수직타격기법의 활용을

---

199) 손준호, 2013, 「청동기시대 석기 연구의 최신 동향」 『숭실사학』 31, 崇實史學會.
200) 실험결과를 객관적으로 인정받기 위해서는 반복 실험, 연구자간 교류, 민족지자료

중심으로 진행한 결과를 토대로 검토하도록 하겠다.

가. 제작 도구와 석재

석기제작에는 도구와 석재가 필요하다. 석재의 채취는 Ⅱ장에서 검토한 바와 같이 하천력으로는 부적합하여 노두와 그 근처의 각력를 채취하였다[도 Ⅳ-33]. 석재의 암질은 이암이다.[201]

제작 도구는 모룻돌과 망칫돌로 간단한 조합이다[도 Ⅳ-33]. 제작 도구는 특별한 것이 아니라 제작소재와 동일하거나 그와 유사한 강도의 석재라면 모

1~6 : 석재, 7~9 : 제작도구

[도 Ⅳ-33] 석재와 제작도구(필자 제작)

등을 통해야만 한다. 본고의 결과는 필자와 한국청동기학회 석기분과에서 반복 실험을 통해 확인한 것이다.

201) 혼펠스는 변성정도가 약한 것을 채취하였다.

두 가능하다.[202]

　망칫돌은 두 종류를 사용하였는데 하나는 球形으로 혼펠스제이며, 다른 것은 안산암질응회암제로 단면이 V자상을 이루는 것이다. 둥근 망칫돌은 가격구의 타격면을 골고루 이용할 수 있으며, 각진 망칫돌은 홈을 내거나 미세한 부분을 가공하는데 효과적이다. 모룻돌은 바닥에 안정되어 흔들리지 않을 정도의 크기면 좋다. 단 비대칭이 발생할 경우 망칫돌보다 다소 연질의 석재 또는 목재가 필요하다. 제작 도구는 특별히 준비하지는 않았고 석재 채취 장소에서 가까운 하천력을 사용하였다.

나. 제작 실험

　석기의 제작기법에서 살펴본 다양한 방법 중에서 양극기법으로 실험한 결과를 중심으로 하였다. 마제석기의 마지막 공정인 마연 이전에 다양한 타격기법이 적용되었을 것으로 추정되지만 청동기시대의 석기와 같이 정형화된 형태를 제작하는데 양극기법이 매우 유용한 기법임을 확인하였고 미완성품 중에서 이러한 기법을 확인할 수 있는 유물이 여러 기종에서 확인되었기 때문이다.

　먼저 석촉의 중산세품인 선형식기를 제작하였다. 모룻돌 위에 석재를 놓고 망칫돌을 수직으로 내리쳐 박리를 유도하는 모습이다[도 IV-10]. 이 때 사용된 기법은 양극떼기로, 처음에는 불필요한 부분을 과감스럽게 가격해 박리한다. 이때 중요한 것은 모룻돌과 석재, 망칫돌이 정확히 수직이 되어야 한다. 즉 힘의 전달이 일직선으로 일치되어야 한다. 만약 수직을 이루지 못할 경우 석재가 부러지는 경우가 많았다. 그런데 양극떼기로 정형하다보면 양쪽이 비대칭을 이루게 되는 경우가 발생한다. 비대칭의 원인으로는 여러 가지가 있

---

202) 黃昌漢, 2004, 「無文土器時代 磨製石鏃의 製作技法 硏究」『湖南考古學報』 20, 湖南考古學會.

[도 Ⅳ-34] 1 : 선형석기 제작모습, 2 : 실험 제작품(필자 제작)

을 것으로 추정되는데 먼저 내리치는 망칫돌 쪽에서 박리가 크게 일어나는 것이다. 다음은 모룻돌과 망칫돌의 재질 차이다. 양쪽 모두 동일한 석재의 경우는 비교적 비대칭이 적고, 다른 석재일 경우 비대칭이 심하게 형성되었다. 실험을 통한 경험에 의하면 강도가 강한 쪽에서 박리가 크게 발생한다. 이런 경우 계속 양극떼기를 하면 석재의 얇은 쪽은 계속 박리되는 반면 두꺼운 쪽은 박리되지 않는 상황이 발생한다. 따라서 계획적으로 양측의 두께를 적절히 맞추면서 형태를 성형하는 것이 중요하다. 만약 형태가 완성되는 도중에 지나치게 비대칭이 되었다면 대석 대용으로 목재를 이용해서 대칭을 만들 수 있다. 석재보다 무른 나무위에 얇은 면을 대고 양극떼기를 하면 망치돌로 직접 타격받는 두꺼운 쪽에 박리를 유발해 대칭을 맞출 수 있다.

석도는 좌우가 대칭이지만 상하로는 비대칭인 유물이다. 평평한 석재를 사용하여 양극기법으로 전체적인 형태를 조정하는 과정은 석촉과 동일하다[도 Ⅳ-35]. 그런데 직선인 등 부분과 곡선인 인부를 조정하는 것은 약간의 숙련도를 요한다. 호상으로 조정되는 인부쪽의 두께가 얇을 경우는 대석을 사용해도 무방하지만, 상하로 두께가 일정하거나 오히려 인부쪽이 두껍다면 대석 대신 목재를 받치는 것이 좋다. 이 경우 목재에 놓인 쪽은 박리가 적게 일어나 가격하는 부분만 원하는 형태로 조정이 가능하다.

크게떼기   미세조정   완성

[도 Ⅳ-35] 석도 제작 실험(필자 제작)

　다른 방법으로는 방형 또는 어형 등 대칭으로 제작한 후 수직타격기법을 이용하거나 석도를 직접 손에 들고 대석에 수직으로 내리쳐 박리시키는 방법이 있다. 이 방법도 내리치는 각도가 직각을 이루는 것이 중요하며, 석촉같이 소형인 경우는 자체 중량이 작기 때문에 곤란하지만, 석도는 어느 정도 무게가 있으므로 효과적이다.

　석검의 미완성품은 크기만 다를 뿐 석촉의 미완성품인 선형석기와 동일한 형태이다. 제작기법은 선형석기, 반월형석도와 동일하지만 길이가 길기 때문에 양극을 정확히 맞추면서 박리하는 것이 무엇보다 중요하다[도 Ⅳ-36]. 자칫 힘의 균형이 어긋나면 파손되기 때문이다. 박리에 이용되는 대석도 평평한 것 보다 100~120° 정도의 각도로 능이 형성되어 있는 것이 효과적이다.

　이외에 원판형석기, 부리형석기 등도 양극기법 및 수직타격기법으로 제작할 수 있었다. 원판형석기는 양극떼기로 박리하거나 손에 직접 들고 망치돌을 내리쳐서 박리하는 수직타격기법, 또는 대상물 자체를 들고 대석에 직접 내리쳐서 박리를 유도하는 변형수직타격기법으로도 가능했는데 여기서 공통점은 대상물과 대석, 망치돌이 모두 수직을 이루어야 한다는 점이다[도 Ⅳ-37]. 이 방법을 사용할 경우에는 자체중량이 어느 정도 있는 경우가 좋으며 소형일수록 어렵다.

　부리형석기와 같이 홈이 있는 경우는 단면 Ⅴ자상의 망치돌을 사용하여 양극기법 또는 수직타격기법으로 가능하다[도 Ⅳ-37].

| 크게떼기 | 미세조정 | 완성 |

[도 Ⅳ-36] 마제석검 제작 실험(필자 제작)

| 수직타격기법 | 변형 수직타격기법 | 홈내기 |

[도 Ⅳ-37] 원판형석기의 제작과 홈내기 실험(필자 제작)

다. 검토

이상과 같이 청동기시대의 유적에서 출토된 석검, 석촉, 석도, 원판형석기 등의 미완성품을 직접 실험 제작해 보았다. 실제유물과 실험제작한 유물을 비교한 것이 [도 Ⅳ-38]이다. 제작 결과물로 볼 때 울산지역의 청동기시대 유적에서 출토된 유물과 거의 흡사하다. 양극기법으로 제작한 유물의 특징은 지그재그상의 인부가 형성되며 평면에서는 패각상의 떼기흔적이 반복적으로 균등하게 발달되었는데 실제 유물과 동일한 양상이다.[203] 따라서 청동기시대 미완성품 중에서 석검, 선형석기, 석도, 원판형석기 등의 미완성품을 제작하는데 양극기법과 수직타격기법을 사용했다고 상정하여도 좋을 것으로 판단된다.

양극기법은 소형 대형을 구분할 필요 없이 유용한 방법이다. 그러나 수직타격기법은 석촉과 같이 자체중량이 적은 경우는 큰 박리를 유도하는 것이 어렵다. 그 이유는 손의 탄력으로 인해 박리가 거의 발생하지 않았고 부상의 위험도 크기 때문이다. 따라서 소형일수록 양극기법이 효과적으로 사용될 수 있다. 반면 석검과 석도, 원판형석기의 경우는 수직타격기법으로도 어느 정도 제작이 가능했지만 양극기법에 비해 속도가 늦고 파손율이 높았다.[204] 또한 원판형석기의 경우처럼 중량이 있는 경우는 양극기법에 비해 수직타격기법이 피로도가 높았다. 그러나 수직타격기법은 양극기법을 활용하는 중간 중간에 인부를 다듬거나 대칭을 맞추는 경우에 효율적으로 활용할 수 있었다. 원판형석기는 자체중량이 무거워서 양극떼기로도 제작이 가능했지만 수직타격기법, 또는 이를 변용하여 직접 대석에 내리치는 방법으로 박리를 유도할 수 있다.

양극기법의 가장 큰 문제점은 비대칭이다. 원리상으로는 작용과 반작용에 의해 석재의 가격면과 대석에서 균등하게 박리가 발생해야하지만 실제로

---

203) 양극기법의 특징 중 하나는 측면에 지그재그의 인부가 형성되는 것이다. 수직타격기법에서도 이와 동일한 박리흔적이 형성되었기 때문에 박리흔적만으로 양극기법과 수직타격기법을 구분하는 것은 어렵다. 다만 경험상 혼펠스와 같이 견고한 석재의 경우 수직타격기법으로 의도적인 박리가 어렵고 파손율이 높았기 때문에 양극기법의 가능성이 높다고 판단된다.

204) 파손율은 암질의 특성과 제작자의 숙련도에 의해서 크게 좌우된다. 실험에 의하면 대체로 경도가 약한 퇴적암류보다 변성암(혼펠스)이 파손율이 높았다.

선형석기(1 : 울산 신현동유적, 2 : 선형석기 제작품). 석검 미완성품(3 : 진주 대평 옥방1지구유적,
4 : 석검 제작품), 반월형석도 미완성품(5 : 대구 동천동유적, 6 : 반월형석도 제작품)
[도 IV-38] 유물과 실험 제작품 비교

는 비대칭으로 박리가 발생하기 때문이다.[205] 이런 비대칭 박리의 원인은 가
공석재의 두께가 균등하지 않은데서 비롯된다. 이런 문제를 해결하기 위해서
는 대상물의 가격면을 반복적으로 교대해 주어야하며, 극단적으로 두께의 차

---

205) 석도와 같이 상하가 비대칭인 유물은 유리한 측면도 있다.

[도 Ⅳ-39] 양극기법 후 박편 상황

이가 생겼을 때는 대석 대용으로 목재를 사용하거나 수직타격기법으로 한쪽만 박리를 발생시켜서 해결할 수 있다.

석기제작 후 제작장의 모습은 다양한 크기의 박편

이 산재한다[도 Ⅳ-39]. 대석을 중심으로 약 60㎝ 범위 내에 박편의 80% 정도가 형성되었고, 나머지 30%는 100㎝ 내외에 형성된다. 실험고고학적 측면에서 자료화하려면 제작전에 재료의 크기와 무게, 암질 등이 세밀하게 체크되어야 하며, 제작 후 박편의 현상에 대한 분석도 이루어져야 할 것이다. [도 Ⅳ-39]와 같이 석검은 물론 소형의 석촉을 제작하는데도 많은 박편과 돌가루가 발생한다. 지금까지 유적에서 이러한 흔적이 확인되지 않는 것은 1차기 공지가 서재 산지 부근이었을 가능성이 높았기 때문으로 판단된다.[206]

라. 양극기법의 발생과 전개

양극기법의 발생에 대해서는 구체적이지는 않지만 구석기시대부터 사용되었을 것이라고 추정되고 있다. 그러나 아직까지 우리나라의 구석기시대에는 양극기법을 사용하였다는 명확한 근거는 없는 실정이며, 있다고 하더라도 석인을 제작하는 등 규칙적인 석기를 제작하는 데에는 널리 이용되지 않았을

---

206) 물론 취락 내에서 작업한 후 정리가 이루어졌을 가능성도 있다. 그러나 지금까지 발굴된 수많은 유적에서 거의 확인되지 않는 것은 타격공정의 장소가 취락과 이격된 곳일 가능성이 높다.

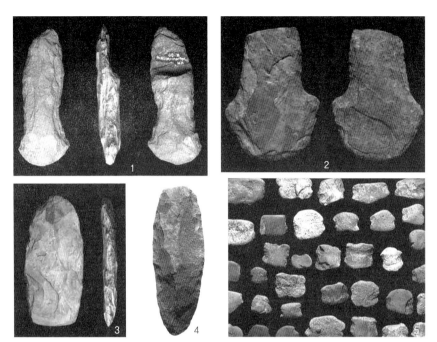

1·3:하동 목도, 2:김해 수가리, 4:부산 범방, 5:청도 오진리
[도 Ⅳ-40] 신석기시대 양극기법 유물(대구박물관 2005)

것으로 추정하고 있다.207) 그러나 자갈을 쪼개는데 효과적인 방법으로 알려져 있어 구석기시대에도 원석을 분할하는 등 보조적인 역할을 하는데 사용되었을 것으로 추정된다.

신석기시대가 되면 양극기법을 사용하여 제작한 유물이 확인된다[도 Ⅳ-40]. 주지하다시피 신석기시대의 주요한 석기제작 기술은 찰절기법으로 결합식조침 등 비교적 제작이 간단한 도구부터 두께가 두꺼운 석부까지 폭넓게

---

207) 장용준, 2003, 「석기제작을 위한 역학원리와 박리방법의 연구 -구석기시대를 중심으로-」『기술의 발견』, 복천박물관.

사용되었다.

신석기시대의 양극기법을 확인할 수 있는 대표적인 유물로는 보습, 굴지구, 석부 등이며, 석제어망추는 대부분 이 기법으로 제작되었다[도 Ⅳ-40]. 이러한 유물군은 신석기시대 전기 이후로 추정되는데 후기로 갈수록 보습, 굴지구, 석부류 등에서 양극기법이 확인되는 점은 주목된다.

청동기시대는 앞서 살펴본 바와 같이 전 기간에 걸쳐 양극기법이 활용되는 것으로 보이는데 특히 후기로 갈수록 활용도가 확대되는 양상이다.

마. 양극기법의 의의

구석기시대에서 신석기시대로 전환되면서 석기에 적용된 기술사적 획기는 마연기법이다. 최근 구석기시대의 마제석기가 일부 확인되기도 하지만[208], 마제기법이 보편화된 점에서 본다면 이러한 구분은 유효하다. 그런데 신석기시대와 청동기시대는 마제석기의 시대지만 제작기법에서 가장 큰 차이는 찰절기법이라고 생각된다. 신석기시대의 다양한 석기의 제작에는 타제기법과 찰절기법이 활용되는데 심지어 두께가 가장 두꺼운 석기류에 해당하는 석부의 제작에도 적용된다. 찰절기법과 타제기법의 가장 큰 차이점은 석기제작의 안정성에 있다. 찰질기법은 석제를 마찰로 재단하는 기법으로 재료에 문제가 없는 이상 파손률이 거의 없는 안정적인 제작기법이다. 반면 타격조정 기법은 제작 도중 석재의 파손률이 상대적으로 높을 수밖에 없다. 그럼에도 불구하고 청동기시대로 접어들면서 안정적인 찰절기법이 거의 사라지게 되고 다소 불안정한 타격조정 후 마연하는 기법으로 전환하게 되는 이유는 무엇일까. 필자는 이러한 원인을 석기제작의 효율성에서 구한 바 있다.[209] 이러한 제작기법의 변화양상을 가장 잘 보여주는 유물이 석촉이다. 청동기시대 마제

---

208) 장용준, 2015, 『구석기시대의 석기생산』, 진인진.

209) 黃昌漢, 2004, 「無文土器時代 磨製石鏃의 製作技法 硏究」『湖南考古學報』20, 湖南考古學會.

석촉의 이른 단계에 해당하는 무경식석촉과 이단경식석촉의 제작방법은 판상석재를 제작한 후 찰절기법으로 재단하여 마연한다. 이러한 기법의 기원은 신석기시대의 찰절기법으로부터 찾을 수 있을 것이다.[210]

청동기시대의 전기에 해당하는 유경식석촉은 무경식석촉의 찰절재단 기법으로 제작되는데 무경식석촉과 공반되는 이단경식석촉에서 사례가 많았다. 이후 청동기시대 후기의 유경식석촉의 제작은 선형석기를 제작한 후 마연하는 방법으로 전환되는데 그 이유는 우선 제작방법의 간소화이다. 무경식석촉을 제작하는 전통적인 방법으로 유경식석촉을 제작하면 어떠한 결과를 얻을 수 있는가를 알아보기 위해 직접 실험을 통하여 제작해 보았다. 실험결과 무경식석촉을 제작하는 방법으로 유경식석촉을 제작하게 되면 지나치게 마연하는 시간이 길어져 비효율적이었다. 반면 유경식석촉제작의 두 번째 방법으로 제작하게 되면 석재를 타격조정하여 선형석기를 제작한 후 바로 마연으로 이어져 제작공정 및 시간을 단축할 수 있음이 확인되었다. 무경식석촉의 경우 판상석재를 얇게 제작할수록 찰절과 마연의 시간을 단축할 수 있지만, 유경식석촉의 경우 단면형태가 능형이고 두꺼운 만큼 판상석재 또한 두껍게 제작할 수밖에 없다. 즉 [도 Ⅳ-29]의 석촉제작 모식도에서와 같이 판상석재를 재단하여 마연하는 방법으로 제작하면 마연으로 제거해야하는 부분이 무경식석촉의 제작 때보다 월등히 증가한다. 따라서 이러한 제작상의 번거로운 과정과 시간의 단축을 위해서 타격조정으로 선형석기를 제작한 후 마연하여 완성하는 유경식석촉제작 두 번째 방법으로 전환하게 되는 것이다. 또한 석촉을 장착하는 화살대 재료의 선택에서도 효율성을 찾아 볼 수 있다. 화살대는 전장에서 살펴본바와 같이 목시와 죽시로 분석되었는데 양자의 제작공정을 살펴보면 죽시에 비해 목시류가 훨씬 공정이 까다로울 뿐만 아니라 시간적으로도 비효율적임을 알 수 있다. 목시의 경우는 나무껍질을 제거하거나,

---

210) 신석기시대는 타제무경식석촉에서 마제석촉으로 변화하면서 찰절기법이 적용된 것으로 볼 수 있다.

옹이부분의 손질 등 대나무에 비해 여러 단계의 공정이 가해진다. 따라서 첨근식석촉에 대나무를 사용하였다는 것은 목시를 사용한 평근식보다 효율적이라고 판단된다.

양극기법은 청동기시대의 유적에서 출토되는 석검, 석도, 편인석부, 저형석기, 원판형석기 등 대부분의 유물에 적용된다. 다만 석부와 같이 두께가 두꺼운 유물의 경우는 큰떼기 후 일부 양극기법, 양극고타가 적용된 것으로 판단된다.

필자는 이러한 제작기법의 적용이 청동기시대 전시기에 걸쳐 적용되었지만 특히 후기로 갈수록 적극적으로 활용되었다고 생각된다. 이러한 원인은 송국리문화의 확산이라는 사회적인 변동과 유관하다고 해석해볼 수있다. 그것은 농경사회의 심화가 이루어지면서 잉여시간을 석기제작에 할애할 수 있는 시간보다 농경에 투입해야할 시간이 증가함에 따라 자연스럽게 도구제작의 효율성을 모색하게 되었고 그 결과로서 양극기법이 적극적으로 활용되었던 것으로 추정된다.

이러한 양극기법은 점토대토기단계의 삼각형석촉 등에서 일부 확인되는 것을 마지막으로 종말을 고하게 된다. 이 시기의 삼각형석촉은 기능적 측면과는 상관없이 새로운 문물 즉 철기문화의 전파에 따른 변화라 생각된다.

V
석기 생산 체계

청동기시대 한반도 또는 남한지역의 석기 생산 체계를 거시적으로 검토하기에는 자료가 방대할 뿐만 아니라 방법론, 석재분석 자료의 미비 등 여러 가지 제약이 따르기 때문에 아직은 시기상조라고 생각된다. 따라서 취락단위 또는 조금 더 확장하여 지역단위의 사례연구를 통해 성과가 축적된다면 장차 거시적인 관점에서 석기 생산과 관련된 논의가 진전될 수 있을 것이다.

여기서는 대구지역의 청동기시대 취락에서 어떻게 석기 제작이 이루어졌는지를 살펴보고 이를 토대로 석기 생산 체계의 변화에 대해 검토하고자 한다. 대구지역을 연구대상으로 삼은 이유는 청동기시대 전기에서 후기까지 연속적인 변화상을 파악할 수 있는 양호한 취락유적과 더불어 석기생산과 관련된 다수의 유적이 조사되었기 때문이다. 또한, 대구분지 내에 발달한 하천을 중심으로 뚜렷한 지역권을 설정할 수 있어 검토대상지로서 최적의 조건을 갖추었다고 판단된다.

청동기시대 석기 생산의 화두는 자가소비를 목적으로 하는 소규모 제작 이

후 전문취락[211]의 등장을 상정할 수 있는가이다. 이러한 양상을 파악하기 위해서는 가구단위와 취락단위로 구분해서 살펴볼 필요가 있다. 가구단위의 석기 생산은 자가소비를 목적으로 이루어졌으며, 취락단위의 석기 생산은 전문화 또는 전업화의 가능성이 높다고 볼 수 있을 것이다. 자가소비형 석기 생산은 가구단위로 이루어지거나 취락 내에서 석기를 전문적으로 생산하는 가구 즉 전문장인의 가능성, 그리고 공동생산 분배방식 등이 추정되나 이러한 양상을 유적에서 파악하기는 어려운 실정이다. 취락단위의 석기 생산은 자가소비 외에 교류 또는 유통을 목적으로 하는 것이다. 문제는 석기 생산과 관련한 취락의 설정기준을 어떻게 적용할 것인가이다. 자가소비형과 전문생산형을 구분하는 기준을 어떻게 설정하는가에 따라 그 성격이 확연히 달라질 것이기 때문이다. I장에서 살펴보았듯이 지금까지 논의된 석기 생산과 관련된 일련의 논고에서도 그 기준과 정의가 모호한 점이 가장 큰 문제점이다. 과연 취락 내에서 어느 정도의 석기와 제작관련 자료가 확인되어야 석기생산 전문취락으로 인정될 수 있을까. 이와 같이 유물 또는 유구에 대해 어느 선을 딱 그어서 설정할 수 없기 때문에 앞으로도 많은 논란이 예상된다. 필자 역시 이러한 기준 설정에서 발생할 비판에 대해서 자유로울 수는 없을 것이다. 다만 선학들의 경우와는 달리 가시적으로 드러나는 차별적인 기준[212]을 설정하여 동의를 구할 수밖에 없다.

먼저 석기생산과 관련된 주거 단위의 확인은 타 주거지에 비해 상대적으로 석기제작 흔적들이 확인되는 빈도에 따라 구분하였다. 주거간의 상호비교를 통한 견해를 일부 수용하여 설정하였다.[213] 또한, 취락의 시기를 전기와 후

---

211) 손준호, 2010, 「청동기시대 석기생산 체계에 대한 초보적 검토」『湖南考古學報』36, 湖南考古學會.
    취락 내 소비량을 넘어서 교역을 목적으로 석기를 생산하는 집단을 의미한다.
212) 裵眞晟, 2012, 「可樂洞式土器의 初現과 系統」『考古廣場』11, 釜山考古學研究會.
213) 趙大衍·朴書賢, 2013, 「청동기시대 석기생산에 대한 일 고찰」『湖西考古學』28, 호서고고학회.

기로 구분하여 취락 내에서 출토된 석기의 총량을 주거수로 나누어 주거지 1棟당 석기보유량을 파악하고 취락 간 비교자료로서 활용하고자 한다. 단, 박편과 석재는 참고자료로 제시하고 보유량에는 포함시키지 않았다.

한편 석기제작 전문취락의 설정은 취락 간 비교와 입지, 공동제작장[214]을 근거로 상정하고자 한다. 즉 석기생산 전문취락의 설정 기준은 공동제작장의 운영 여부가 가장 중요한 판단기준이다. 공동제작장의 판단 여부에 대해서는 가시적으로 드러나는 유물과 현상에 의존할 수밖에 없어 이견이 있을 것이다. 그러나 상대적인 비교를 통한 설정이므로 최소한 차별성은 인정될 수 있을 것이다. 이러한 기준에 따라 석기생산 전문취락을 설정하고 분석한 결과를 통해 대구지역 청동기시대 석기 생산 체계에 대해 살펴보도록 하겠다.

1. 유적 검토

대구지역은 한반도의 동남부에 위치한 영남내륙으로 북쪽에는 팔공산, 남쪽에 대덕산과 비슬산, 동서로는 완만한 구릉지, 서남쪽으로는 개활지가 펼쳐져 있다. 전체적으로는 분지지형을 이루고 있는데, 신천이 도심을 가로질러 금호강과 합류하여 부산, 경남지역으로 흐르는 낙동강에 유입된다. 대구분지는 금호강과 기타 소지류에 의해 지역적 경계가 뚜렷하다. 지역권은 이러한 소지류에 의해 진천천, 신천, 팔계천, 동화천유역으로 구분한 바 있으므로[215] 이를 수용겠다[도 Ⅴ-1].

가. 진천천유역권

진천천은 대구의 남서단에 위치하며 동에서 서로 흘러 낙동강으로 합류하

---

214) 취락 내에서 별도의 공간으로 확인되며 가시적으로 인정될 만한 규모를 뜻한다.

215) 河眞鎬, 2008, 『大邱地域 靑銅器時代 聚落 硏究』, 慶北大學校大學院 碩士學位論文.

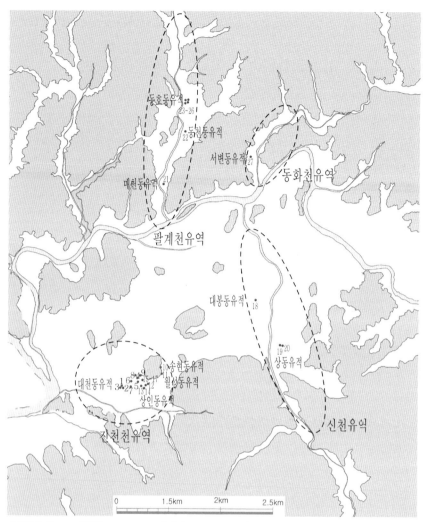

진천천유역- 1:대천동 511-2, 2:대천동 497-2, 3:대천동 413, 4:월성동 585, 5:월성동
          1275, 6:월성동 1261, 7:월성동 1363, 8:월성동 591, 9:월성동 498, 10:월성
          동 선사유적, 11:송현동 선사유적, 12:상인동 87, 13:상인동 152-1, 14:상인동
          171-1, 15:상인동 123-1, 16:상인동 128-8, 17:상인동 98-1
신천유역- 18:대봉동 마을유적, 상동유적(19:수성초등학교, 20:우방아파트)
팔계천유역- 21:매천동유적, 22:동천동 취락유적, 23:동호동 181, 24:동호동 477, 25:동호
          동 451-1유적, 26:동호동(대구체육고등학교)유적
동화천유역- 27:서변동 취락유적

[도 V-1] 대구지역 청동기시대 유적의 분포와 지역권(河眞鎬 2008 도64에서 개변)

는 지류이다. 이 일대에서는 청동기시대의 생활유적과 매장유구가 다수 확인되었는데 대표적으로 조사된 지역은 월성동, 상인동, 대천동 일대이다. 유적의 시기는 청동기시대 전기에서 후기에 걸쳐 분포하고 있다. 진천천유역은 타 지역에 비해 월등히 많은 수의 생활유적이 확인되었다.

1) 대천동 일대 유적

대천동 일대의 유적은 대구 대천동 511-2유적[216], 대천동 497-2유적[217] 등이 조사되었다. 대천동 511-2유적에서는 청동기시대 주거지 16기, 석관묘 68기, 수혈 7기, 구상유구 1기가 조사되었다. 본 유적과 인접해서 대천동 497-2유적, 대천동 413유적 등이 조사되었는데 동일한 유적으로 판단된다. 이 일대의 유적에서는 전기~후기에 걸쳐 형성된 장방형, 방형, 원형주거지가 확인되었다. 대천동 511-2유적에서는 16동의 주거지 중 11동에서 석기제작과 관련된 지석, 고석, 박편, 미완성석기 등이 출토되었으나 전체적으로 석기제작과 관련된 유물은 소략한 편이다. 또한, 주거지 주변에서 확인된 구상유구, 수혈 유구에서도 석기제작과 직접적으로 관련성을 보이는 유물은 빈약하다.

[표 V-1] 대천동 511-2유적

주거지		고석	지석	연석	편인	석착	석촉	석촉 미완	석도	박편	석재	석기보유 평균수량
동수	시기											
7	전	1	5	1	1	1	0	1	1	2	1	1.6
9	후		13	1	1	1	1			6		1.9

---

216) 嶺南文化財研究院, 2009, 『大邱 大泉洞 511-2番地遺蹟Ⅰ』.
嶺南文化財研究院, 2009, 『大邱 大泉洞 511-2番地遺蹟Ⅱ』.

217) 嶺南文化財研究院, 2008, 『大邱 大泉洞 497-2番地遺蹟』.

2) 월성동·송현동 일대 유적

월성동 일대에서는 대구 월성동 585유적[218], 월성동 1275유적[219], 월성동 1261유적[220], 월성동 1363유적[221], 월성동 591유적[222], 월성동 498유적[223], 월성동 선사유적[224], 송현동 선사유적[225] 등이 조사되었다. 전체적으로 석기제작과 관련된 주거지의 양상은 대천동 일대의 유적과 동일한 양상이다. 장방형 주거 취락으로 구성된 월성동 585유적에서는 3호 주거지에서 지석 6점이 확인되었고 나머지 주거지에서는 한 점도 출토되지 않은 점이 특이하다. 원형주거 취락으로 구성된 월성동 1363유적에서도 석기제작과 관련된 지석 등이 거의 출토되지 않았다. 대부분의 주거지에서 지석, 미완성 석기 등이 출토되었으며 다른 취락에 비해 지석의 출토율이 높다. 또한 집석유구에서도 지석, 미완성편인석부, 박편 등이 무문토기와 함께 출토되었는데 석기를 제작한 후 폐기한 것으로 추정된다. 월성동 일대의 유적 주변에서 확인된 구상유구 등에서도 석기제작과 관련한 유물보다는 토기의 폐기 또는 의례로 볼 수 있는 상황만 확인되어 제작장으로 볼 수 있는 근거는 부족하다. 그런데 월성동 일대에서 석기제작과 관련된 유물이 가장 두드러지게 확인된 전기의 유적은 월성동 591유적, 월성동 498유적, 월성동 선사유적, 송현동 선사유적이다. 이 중에서 월성동 498유적의 하도는 미완성석기류와 지

---

218) 嶺南大學校博物館, 2007, 『大邱 月城洞 585遺蹟』.
219) 嶺南大學校博物館, 2006, 『大邱 月城洞 1275遺蹟』.
220) 嶺南文化財研究院, 2007, 『大邱 月城洞 1261番地遺蹟』.
221) 大東文化財研究院, 2008, 『大邱 月城洞 1363遺蹟』.
222) 聖林文化財研究院, 2009, 『大邱 月城洞 591番地遺蹟』.
223) 경상북도문화재연구원 2009, 『大邱 月城洞 498遺蹟』.
224) 慶北大學校博物館, 1991, 『大邱 月城洞 先史遺蹟』.
　　慶北大學校博物館 外, 2000, 『辰泉洞·月城洞 先史遺蹟』.
225) 東國大學校 慶州캠퍼스 博物館, 2002, 『大邱 松峴洞 先史遺蹟』.

석이 출토되어 석기 제작장일 가능성이 있다. 하도의 시기는 이단병식석검, 선형석기 등이 확인되는 점으로 볼 때 전기~후기에 걸쳐 형성된 것으로 보인다.

[표 Ⅴ-2] 월성동 · 송현동 일대 유적

월성동 1275유적

주거지		지석	연석	편인석부	합인석부	석촉	석촉미완	방추차	석도	옥	박편	석재	석기보유 평균수량
동수	시기												
5	전	4	1	3	1	0	0	1	0	0	1	1	2.0
12	후	6	0	0	0	1	1	1	1	1	5	1	0.9

월성동 591유적

주거지		지석	연석	편인석부	석촉	석촉미완	주상파손	석도	방추차	환상석부	박편	석재	석기보유 평균수량
동수	시기												
7	전	14	3	7	3	2	1	1	1	1	1	1	4.7

송현동 선사유적

주거지		지석	미완성	연석	합인석부	편인석부	석촉	석촉미완	석검	석도	환상석부	방추차	원판형	대석	석기보유 평균수량
동수	시기														
14	전	29	6	1	4	19	13	2	3	11	1	3	1	1	6.7

월성동 476-2유적(월성동 선사유적)

주거지		지석	미완성	연석	합인석부	편인석부	석촉미완	주상석부	석검	석도	방추차	박편	석기보유 평균수량
동수	시기												
5	전	18	5	1	3	8	15	1	3	2	2	2	11.6

월성동 585유적

주거지		지석	편인석부	석촉	석촉미완	석검미완	석창	석창미완	석도	방추차	석재	석기보유 평균수량
동수	시기											
5	전	6	2	2	3	1	1	1	2	1	1	3.8

월성동 1363유적

주거지		지석	편인석부	편인미완	석촉미완	석창미완	석기보유 평균수량
동수	시기						
5	후	1	1	1	2	1	1.2

월성동 498유적(주거지)

주거지		연석	편인석부	석촉	석검	박편	석기보유 평균수량
동수	시기						
6	후	1	2	1	1	2	0.8

월성동 498유적(구·하도)

유구	고석	지석	박편	합인석부	연석	편인미완	주상석부	석촉	석촉미완	석도	방추차	석검	부리형
1호 구										1	1		
3호 구				1									
6호 구			1										
7호 구			1										
하도유물군	3	1	8	5	1	9	3		1	1	1	2	1
하도집석1		3	1			3	1						
하도집석2		1	2				1						
하도1층	1	4	2			5	9	1				2	
하도자갈층					2	1	1						
하도2층		1		1?		7	3	1	1			3	
계	4	10	15	7	3	25	18	2	2	2	2	7	1

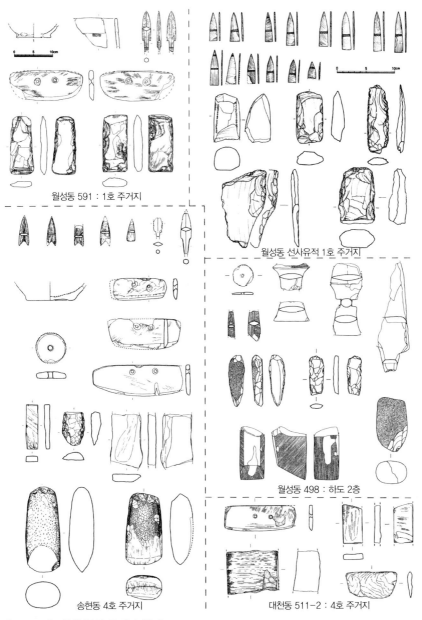

월성동 591 : 1호 주거지

월성동 선사유적 1호 주거지

송현동 4호 주거지

월성동 498 : 하도 2층

대천동 511-2 : 4호 주거지

[도 Ⅴ-2] 진천천유역 유적의 석기

3) 상인동 일대 유적

상인동 일대에서도 청동기시대 유적이 다수 확인되었는데 상인동 87유적[226], 상인동 119-20유적[227], 상인동 152-1유적[228], 상인동 171-1유적[229], 상인동 123-1유적[230], 상인동 128-8유적[231], 상인동 98-1유적[232] 등이다.

석기의 출토양상은 전반적으로 대천동, 월성동 일대의 유적과 유사하다. 후기의 유적에 해당하는 상인동 87유적의 경우 전체 18동의 주거지에서 석기와 관련된 유물이 소략하고 제작과 관련된 유물도 거의 출토되지 않아 취락에서 석기제작이 이루어지지 않은 것으로 판단된다. 상인동 119-20유적의 경우도 후기에 해당하는 원형계 주거지에서는 석기류가 빈약한 반면 전기의 장방형, 방형계 주거지에서는 석기의 출토비율이 높으며, 제작관련 유물도 다수 확인되었다.

진천천유역의 석기제작 양상은 전반적으로 취락 내에서 개별 주거지를 중심으로 이루어졌고, 대외적인 유통을 목적으로 할 만큼의 석기나 제작관련 흔적은 확인되지 않는다. 다만 진천천유역 내에서 월성동 498유적의 하도를 중심으로 석기제작이 이루어진 점으로 본다면 소규모 석기제작장이 전기에 사용되었으며 유역권 내에서의 소규모 유통 가능성은 있을 것이다[도 Ⅴ-2].

226) 嶺南文化財硏究院, 2008, 『大邱 上仁洞 87番地遺蹟』.
227) 大東文化財硏究院, 2011, 『大邱 上仁洞 119-20遺蹟』.
228) 嶺南文化財硏究院, 2007, 『大邱 上仁洞 152-1番地遺蹟』.
229) 嶺南文化財硏究院, 2006, 『大邱 上仁洞 171-1番地遺蹟』.
230) 嶺南文化財硏究院, 2007, 『大邱 上仁洞 123-1番地遺蹟』.
231) 삼한문화재연구원, 2010, 『大邱 上仁洞 128-8番地遺蹟』.
232) 大東文化財硏究院, 2008, 『大邱 上仁洞 98-1遺蹟』.

[표 Ⅴ-3] 상인동 일대 유적

상인동 87유적

주거지		지석	연석	주상미완	박편석기	석촉	석창	박편	석기보유평균수량
동수	시기								
18	후	1	1	2	1	1	1	1	0.4

상인동 98-1유적

주거지		지석	미완성	연석	합인석부	편인석부	주상석부	석촉	석촉미완	석검	석도	박편	석기보유평균수량
동수	시기												
8	전	4	1	2	2	6	2	0	2	1	1	9	2.6
3	후							1				1	0.3

상인동 119-20유적

주거지		지석	연석	주상석부	박편석기	석촉	석촉미완	편인석부	환상석부	석도	석창미완	석검실패	석착	박편	석기보유평균수량
동수	시기														
5	전	6	3	7	5	3	1	4	3	3	1	2	1	1	7.8
5	후	2												3	0.4

상인동 123-1유적

주거지		지석	미완성	연석	합인석부	편인석부	석촉	석촉미완	주상석부	석검	석도	방추차	박편	석기보유평균수량
동수	시기													
11	전	1	4	1	1	8	1	3	5	2	4	1	0	2.8
9	후		1								1	1	1	0.3

상인동 128-8유적

주거지		지석	미완성	연석	합인석부	편인석부	주상석부	석촉	석촉미완	석검	석도	방추차	원판형	석구	박편	석재	석기보유평균수량
동수	시기																
11	전	6	3	3	1	5	1	2	4	4	3	1	1	0	6	6	3.1
5	후		1	0	0	1	0	1	0	1	0	0	0	0	1	16	1.0

나. 신천유역권

1) 대봉동 마을유적

대봉동 마을유적[233]에서는 35동의 주거지가 조사되었다. 주거지의 평면형태는 대부분 장방형이고 시기는 전기에 해당한다. 석기제작과 관련한 유물은 지석을 중심으로 미완성 석부류가 출토되었는데 주거지에서 전반에 고르게 분포하는 양상이다. 취락 내에서 확인된 수혈과 구상유구에서도 석기제작과 관련된 유물이 소량 출토되었는데 특히 4호 구상유구에서 집중도가 높다. 전체적으로 대봉동유적의 석기제작은 주거 단위로 이루어진 것으로 보이며, 하도와 인접해 있는 4호 구상유구는 석기제작이 이루어진 제작장으로 볼 수 있으나 유물의 수량으로 볼 때 대규모로 이루어진 것으로 보기는 어렵다[도 V-3]. 이러한 구상유구는 석기 제작관련 유물과 함께 토기 파손품 등이 다수 확인되는 점으로 볼 때 폐기장의 용도도 병행되었을 것으로 추정된다.

2) 상동유적

상동유적(수성초등학교 부지)[234]에서는 20동의 주거지가 조사되었는데 대부분 방형주거지이다. 취락의 규모에 비해 완전한 석기는 거의 전무한 실정이고 석기제작과 관련된 유물도 박편만 소량 출토되었다.

상동유적(우방아파트 부지)[235]에서는 15동의 주거지가 조사되었는데 대부분 장방형 주거지이다. 수성초등학교 부지와 같이 전체적으로 석기의 출토량이 빈약하며 주거지에서 박편만 소량 출토되었다. 상동유적은 전체적으로 인접취락에 비해 석기의 출토량이 빈약한 점이 특징이다.

신천유역권도 진천천유역과 동일한 양상인데 전기의 취락에서는 비교적

---

233) 경상북도문화재연구원, 2006, 『大邱 大鳳洞 마을遺蹟』.
234) 慶尙北道文化財研究院, 2004, 『上洞遺蹟發掘調査報告書 −수성초등학교부지−』.
235) 慶尙北道文化財研究院, 2002, 『上洞遺蹟發掘調査報告書 −우방아파트건립부지−』.

다수의 석기와 제작관련유물이 확인된 반면 후기의 취락에서는 극히 빈약한 편이다.

[표 Ⅴ-4] 대봉동·상동 일대 유적

대봉동 마을유적(주거지)

주거지 동수	주거지 시기	고석	지석	연석	합인미완	편인석부	석촉	석촉미완	주상미완	부리형	석도	석도미완	석검실패	원판석기	방추차	석구	석재	박편	석기보유평균수량
28	전	1	34	4	6	19	7	2	7	2	4	12	2	2	4	2	9	6	3.9
4	후		2	0	0	0	0	0	1	0	1	0	0	1	0	0	0	1	2	1.3

대봉동 마을유적(구)

유구	형태	지석	박편	연석	합인석부	편인미완	석촉	석촉미완	석도미완	석구	석재
4호 구		7	2	1	1	2	3	3	4	2	1

상동유적(수성초등학교)

주거지 동수	주거지 시기	지석	편인석부	석촉미완	박편	석기보유평균수량
6	전		2		5	0.3
14	후	1		1	10	0.2

상동유적(우방아파트)

주거지 동수	주거지 시기	지석	편인석부	석촉	석촉미완	주상미완	부리형	석도	박편	석기보유평균수량
7	전	4	2	1		3			8	1.4
8	후				2		1	1	6	0.5

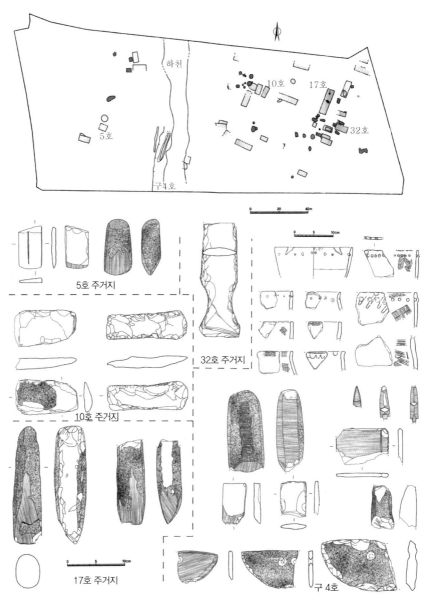

하천

10호 17호

5호

32호

구4호

5호 주거지

32호 주거지

10호 주거지

17호 주거지

구 4호

[도 Ⅴ-3] 신천유역 대봉동 마을유적(경상북도문화재연구원 2006)

다. 팔계천유역권

1) 매천동유적

매천동유적[236]은 팔계천의 남쪽 하류에 위치한다. 청동기시대 전기에서 후기에 걸쳐 형성된 유적으로 중심 시기는 전기에 해당한다. 본 유적에서는 주거지와 하도에서 다수의 석기제작 관련 유물이 출토되었다. 석기제작은 하천을 중심으로 이루어진 것으로 추정되는데 합인석부류, 이단병식석검 미완성품이 다수 확인되었다[도 Ⅴ-4]. 전기와 후기에 걸쳐 주거지의 석기비율도 비교적 높게 나타나며, 하도에서 석기제작이 집중적으로 이루어진 양상이 확인된다. 이 유적은 대구지역 청동기시대 전기후반에 석기를 전문적으로 제작했던 전문집단의 가능성을 보여주는 과도기적인 유적으로 볼 수 있다.

2) 동천동취락유적

동천동취락유적[237]은 경상북도의 최북단에서 대규모로 확인된 대표적인 송국리형 취락이다. 주거지는 60동이 확인되었는데 이중 송국리형 주거지가 47동이며 나머지는 말각방형에 해당한다. 석기가 출토된 주거지는 17동을 제외한 43동이다. 대부분 미완성 석기류와 지석 등 석기제작과 관련성이 높은 유물들이다. 또한, 주목되는 점은 청동기시대 하도 및 집석유구에서 가시적으로 타 집단과는 차별될 정도로 많은 양의 미완성 석기류 및 파손품, 박편, 지석 등이 출토되어 석기제작이 활발히 이루어졌음을 알 수 있다[도 Ⅴ-5]. 개별 주거지로 본다면 동시기 다른 유역 취락의 주거지 1동당 석기보유량에 비해 압도적으로 차별되며, 하도, 집석 등에서 석기제작이 대규모로 이루어진 흔적이 확인된다. 이러한 양상으로 볼 때 동천동유적은 석기생산을 전문으로 했던 취락일 가능성이 높다고 판단된다.

---

236) 嶺南文化財研究院, 2010, 『大邱 梅川洞遺蹟』.

237) 嶺南文化財研究院, 2002, 『大邱 東川洞遺蹟』.

[표 Ⅴ-5] 팔계천유역권

동천동 취락유적(주거지)

주거지		지석	미완석기	편인석부	석촉	석촉미완	주상미완	석착	부리형	석도	석검	방추차	석창	천공구	박편	석재	석기보유평균수량
동수	시기																
60	후	37	44	9	16	7	3	4	1	2	4	2	1	3	274	20	2.2

동천동 취락유적(집수지 외)

호수	석제품	
	수량	특징
집수지2호	209	지석, 편인석부, 주상석부, 석촉, 석검, 부리형석기, 박편 등 다수
하도1층	307	지석, 편인석부, 주상석부, 석도, 석검, 석착, 박편 등 다수
하도2층	158	지석, 편인석부, 주상석부, 석도, 석검(유절병식), 박편 등 다수
문화층	148	지석, 편인석부, 석검, 석도, 주상석부, 박편, 선형석기 등 다수
계	822	

동호동 181유적(주거지)

주거지		지석	편인석부	주상석부	석검	방추차	박편	석재	석기보유평균수량
동수	시기								
6	후	6	4	1	1	1	1	4	2.2

동호동 181유적(구)

호수	출토석제품	
	수량	특징
A1호 구	7	미완성·파손품·박편
A2호 구	91	이단병식석검, 석부, 석도, 지석, 파손품, 미완성품 등 다수
계	98	

동호동 477유적

호수	시대	출토석제품	
		수량	특징
구상2호	청동기	10	지석, 박편, 박리몸돌, 석검(이단병식) 등
하도2호	삼국?	37	지석, 박편, 박리몸돌 등

동호동유적(대구체육고등학교)

호수	출토석제품	
	수량	특징
가층	10	미완성편인석부, 박리몸돌, 박편, 제작파손품 등
나층	20	지석, 미완성편인석부, 박리몸돌, 박편, 제작파손품 등
구1호	21	지석, 석촉, 석도, 미완성편인석부, 박리몸돌, 박편, 제작파손품 등
구2호	11	지석, 미완성편인석부, 박리몸돌, 박편, 제작파손품 등
구3호	26	지석, 미완성편인·주상석부, 석검실패품?, 박리몸돌, 박편, 제작파손품 등
구3호 집석	19	지석, 박편, 박리몸돌 등
구3-1호	3	미완성박리제품, 박편 등 240
구7호1층	240	지석, 미완성편인·주상석부, 석검실패품?, 박리몸돌, 박편, 제작파손품 등
구7호2층	17	석도, 석검, 석촉, 부리형석기

동호동 451-1유적

호수	시대	출토석제품	
		수량	특징
수혈2호	청동기	1	박편
수혈4호	청동기	2	박편
구상1호	청동기	23	박편, 석촉, 편인미완성 등
구상2호	청동기	5	박편

매천동유적(하도 외)

유구	출토석제품	
	수량	특징
1호 수혈	4	박편
하도A구간	67	석촉, 석도, 환상석부, 편인석부, 합인석부, 주상석부, 방추차, 부리형, 석검, 박편, 지석 등
하도B구간	53	
하도C구간	159	
하도D구간	91	
하도E구간	23	
하도F구간	1	석검신부편
하도 가	2	환상석부, 박편
하도 나	27	석촉, 석도, 환상석부, 편인석부, 합인석부, 주상석부, 방추차, 부리형, 석검, 박편, 지석 등
하도 다	27	
하도 라	40	
1호 구상	1	지석
3호 구상	2	연석세트
계	497	

매천동유적(주거지)

주거지		지석	미완성품	연석	합인석부	편인석부	석촉	석촉미완	주상석부	부리형	석도	석검	방추차	석재	박편	석기보유 평균수량
동수	시기															
9	전	12	1	1	2	4	2	1	2	5	1	1	1	2	6	3.7
4	후	1	1					3							9	1.3

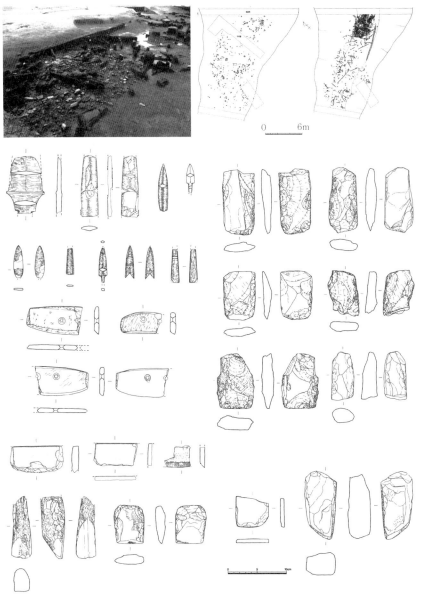

[도 Ⅴ-4] 팔계천유역 매천동유적 하도 및 출토유물(嶺南文化財研究院 2010)

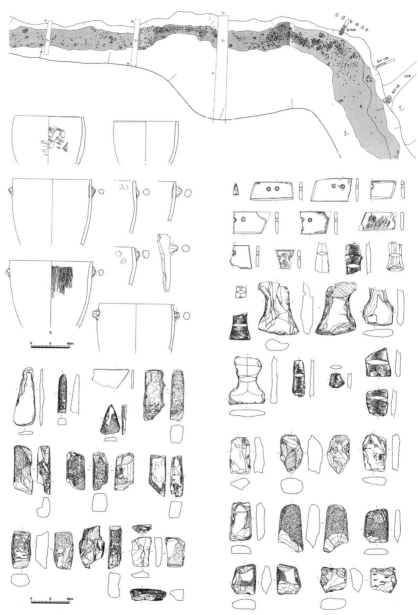

[도 Ⅴ-5] 팔계천유역 동천동취락유적 하도 및 출토유물(嶺南文化財硏究院 2002)

3) 동호동 일대 유적

동호동유적은 동천동취락유적의 상류에 위치한다. 동호동 181번지 유적[238], 동호동 477유적[239], 동호동 451-1유적[240], 동호동유적(대구체육고등학교 부지)[241] 등이 있다. 동호동 일대의 유적에서는 전반적으로 소규모 취락만 확인되었고 수혈, 구상유구, 하도 등이 집중적으로 확인되었다. 전체적으로 석기제작과 관련된 유물은 하도와 구상유구를 중심으로 확인되었다. 이 일대의 취락은 시기 및 입지적으로 볼 때 동천동취락과 관련성이 높다고 판단된다.

라. 동화천유역권

동화천유역에서 확인된 대규모 취락유적은 서변동유적[242]이 대표적이다. 이 유적에서는 주거지 48동을 비롯해 집석유구, 하도 등이 확인되었다[도 V-6·7]. 석기제작과 관련된 유물은 주거지와 하도에서 출토되었는데 전기에 해당하는 팔계천유역의 매천동유적에 비해 소규모이며, 진천천유역의 월성동 일대의 유적과 유사한 양상이다. 따라서 석기제작은 각 취락 단위에서 하도를 중심으로 이루어진 것으로 볼 수 있으며 청동기시대 전기 동화천 일대의 유적에 소량 유통되었을 가능성이 있다. 후기의 주거지는 석기보유량은 높은 편이지만 주거지가 소수여서 신뢰도가 떨어지며, 이시기의 제작 시설도 확인되지 않았다.

---

238) 嶺南文化財研究院, 2012, 『大邱 東湖洞 181番地遺蹟』.
239) 嶺南文化財研究院, 2005, 『大邱 東湖洞 477番地遺蹟』.
240) 嶺南文化財研究院, 2007, 『大邱 東湖洞 451-1遺蹟』.
241) 嶺南文化財研究院, 2003, 『大邱 東湖洞遺蹟』.
242) 嶺南文化財研究院, 2002, 『大邱 西邊洞 聚落遺蹟Ⅰ』.

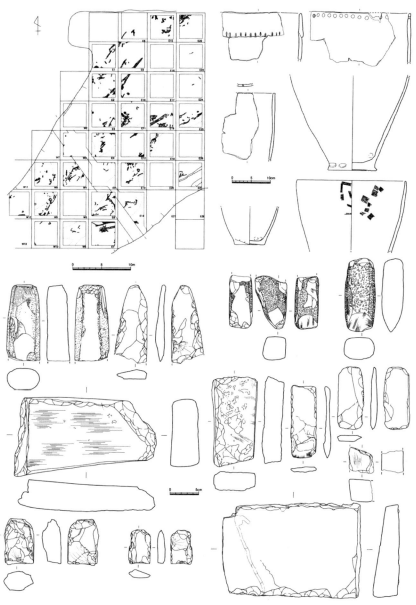

[도 Ⅴ-6] 동화천유역 서변동유적 하도 및 출토유물(嶺南文化財研究院 2002)

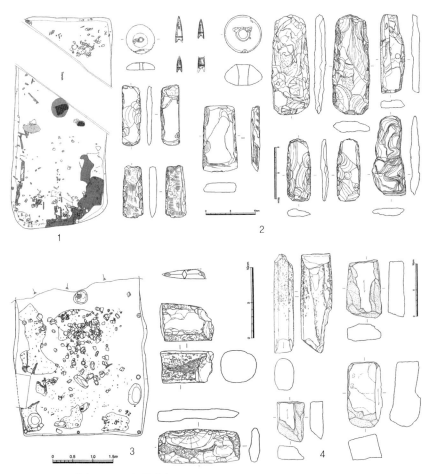

1·2:41호 주거지, 3·4:2호 주거지

[도 Ⅴ-7] 동화천유역 서변동유적 주거지 및 출토유물(嶺南文化財研究院 2002)

[표 Ⅴ-6] 동화천유역권(서변동 취락유적)

동수	시기	지석	미완석기	연석	합인석부	편인석부	석촉	석촉미완	주상미완	석착	부리형	석도	석검	방추차	성형석기	환성석부	석구	박편	석재	석기보유평균수량
31	전	65	25	1	2	36	11	2	10	6	1	15	6	4	1	1	1	88	8	6.0
14	후	5	7	0	1	2	3	3	2	0	0	1	0	0	0	2	0	34	10	1.9
4	?	3	2	0	0	3												17		2.0

호수	출토석제품	
	수량	특징
하도2호	2	
하도5호	66	지석, 방추차, 편인석부, 주상석부, 석촉, 합인석부, 석창 등

2. 대구지역 청동기시대 석기 생산 체계

가. 석재의 수급

대구지역의 유적에서 확인된 석기제작 관련 유물의 석재는 대부분 혼펠스이다. 대구지역의 지질은 퇴적암이 수로 발달한 지층으로 혼펠스의 분포는 화강암이 관입된 부분에서 산발적으로 확인되며 일부는 하천력으로 확인된다. 그러나 대구 일대를 답사한 결과에 의하면 석기를 제작할 만한 혼펠스 산지가 확인되지 않으며 대부분 하천력으로 확인되는 것이 일반적이다. 따라서 석기제작에 하천력을 이용했을 가능성도 배제할 수 없지만 발굴조사를 통해 확인된 박편과 미완성석기에서 하천력의 원면이 거의 확인되지 않는 점으로 볼 때 하천력을 직접적으로 이용했을 가능성은 희박하다.[243]

---

243) 동천동 취락유적의 집석[도 Ⅴ-8]은 하천력으로 구성되어 있으나 원마도가 진행된 석재로 석기의 원석은 아닌 것으로 판단된다.

필자는 구고에서 고령의 혼펠스 산지와 지리적으로 인접한 대구의 석기제 작 전문취락과의 관련성을 언급한 바 있다. 또한, 혼펠스제 마제석검을 제작할 수 있는 석재의 산지가 고령 의봉산 일원임을 주변 유적의 검토와 함께 확인하였다.[244] 이에 대해서는 Ⅲ장에서 검토하였으므로 상세한 사항은 생략하도록 하고, 혼펠스 석재의 수급이 어떻게 이루어진 것인지 유적과 유물을 통해 살펴보도록 하겠다.

팔계천 일대의 석기제작 유적과 고령 일대의 유적에서 확인된 박편을 살펴보면 공통점이 있다. 먼저 고령의 대표적인 석기제작장 유적인 봉평리 575-1유적의 박편을 살펴보면 원석으로부터 큰떼기와 잔떼기를 통해 성형이 이루어졌음을 알 수 있다. 박편의 크기도 큰 것으로부터 작은 것까지 다양하다. 즉, 석기제작 1차 성형단계의 유적으로 볼 수 있다. 이러한 추정을 지지하는 또 하나의 증거는 발굴된 수 천점 이상의 박편 이외에 마연에 필요한 지석 등 다음 공정을 확인할 수 있는 유물이 전혀 확인되지 않은 점이다.

반면 동천동취락의 경우 하도에서 다수의 박편이 출토되었지만 1차 성형까지 행해졌다고 판단하는 것은 곤란하다[도 Ⅴ-8]. 석기 제작실험을 통해서도 확인하였지만 한 개의 석기를 제작하는데도 상당량의 박편이 발생하기 때문이다. 따라서 동천동취락에서 확인된 미완성품의 양으로 본다면 박편의 수량은 극히 미약한 편이다. 이러한 상황으로 볼 때 석기의 1차 성형은 산지 주변에서 행한 후 취락 내에서는 2차 성형단계인 고타 및 마연을 통해 완성한 것으로 볼 수 있다.

그렇다면 1차 성형된 형태의 석재는 어떠한 경로를 통해서 유통 또는 운반되었을까. 두 가지 정도의 가설이 가능한데 직접수급과 간접수급으로 구분

---

244) 황창한, 2011, 「청동기시대 혼펠스제 마제석검의 산지추정」『考古廣場』9, 釜山考古學研究會.
  황창한, 2013, 「대구지역 청동기시대 석기생산 시스템 연구」『嶺南考古學』67, 嶺南考古學會.

할 수 있을 것이다. 직접수급은 석기를 제작하려는 취락 또는 개인이 산지에서 석재를 직접 채취하거나 가공하여 운반하는 것이다. 반면 간접수급은 산지 주변의 취락에서 1차 가공한 석기 또는 석재를 공급받는 것이다. 이러한 상황을 유적에서 확인하는 것은 어렵기 때문에 석기 생산 체계가 어느 정도

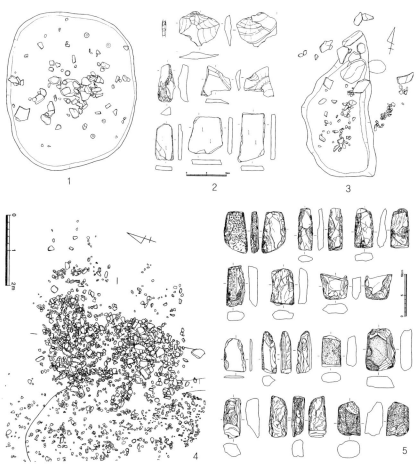

1·2:46호 주거지 및 유물, 3:수혈 32호, 4·5:집석 5호 및 유물

[도 Ⅴ-8] 대구 동천동취락유적 유구 및 출토유물(嶺南文化財研究院 2002)

조직화 또는 대형화되었는가를 통해 추정해 볼 수 있을 것이다. 먼저 취락 단위 또는 개별적인 자가소비를 목적으로 하는 소규모 제작의 경우에는 직접수급이 타당할 것으로 생각되며, 대량으로 석기를 제작하는 전문집단의 경우는 간접수급의 가능성이 높을 것으로 예상된다.

간접수급의 경우 전면간접수급, 반간접수급으로 구분할 수 있을 것이다. 전자는 전혀 다른 취락에서 제작하여 공급하고 대가를 취하거나 교환하는 것이고, 후자는 전문취락의 분업에 의해 산지로 파견된 집단을 통해 수급하는 것이다. 양자 모두 석기제작의 분업 체계와 관련이 있지만 파견을 보내는 사회시스템을 청동기사회에 적용하는 것은 곤란하다고 판단된다. 따라서 일단 고령의 취락에서 1차 성형품을 생산하여 대구지역으로 공급하였을 가능성을 제시해 두고자 한다.

나. 전기의 생산 체계

대구지역에서 청동기시대 전기에 해당하는 유적의 분포는 진천천유역과 신천유역에 집중되며, 동화천유역과 팔계천유역에는 산발적이다.[245] 전기의 석기생산과 관련된 유물은 대부분 주거지에서 확인되고 수혈과 하도 등에서 부분적으로 확인된다. 개별 주거지에서 지석, 박편, 미완성품 등 제작관련 유물의 출토 여부는 구분되지만 특별히 제작관련 유물의 빈도가 높게 확인되거나 두드러지는 경향성은 확인되지 않는다. 그러나 각 유역에서 석기제작이 비교적 활발하게 이루어졌던 취락이 확인되는데 대표적으로 진천천유역의 월성동일대의 유적, 신천유역의 대봉동마을유적, 동화천유역의 서변동취락유적, 팔계천유역의 매천동유적이다[표 V-7]. 이러한 유적의 입지는 하천변의 충적지이며 하도와 수혈에서 석기제작 양상이 확인된다.

---

245) 河眞鎬, 2008, 『大邱地域 靑銅器時代 聚落 硏究』, 慶北大學校大學院 碩士學位論文.

[표 Ⅴ-7] 유역별 주거당 석기 출토량

유역명	유적명	주거 1동당 석기 평균 출토수량	
		전기	후기
진천천유역	대천동 511-2	1.6	1.9
	월성동 585	3.8	
	월성동 1363		1.2
	월성동 1275	2.0	0.9
	월성동 591	4.7	
	월성동선사	11.6	
	월성동 498		0.8
	송현동선사	6.7	
	상인동 123-1	2.8	0.3
	상인동 87		0.4
	상인동 119-20	7.8	0.4
	상인동 98-1	2.6	0.3
	상인동 128-8	3.1	1.0
신천천유역	대봉동마을	3.9	1.3
	상동(수성초)	0.3	0.2
	상동(우방)	1.4	0.5
팔계천유역	동천동취락		2.2
	동호동 181		2.2
	매천동	3.7	1.3
동화천유역	서변동취락	6.0	1.9

　　먼저 진천천유역의 월성동 498유적에서는 원형주거 취락과 하도가 확인되었다. 주거지에서는 석기제작과 관련된 유물이 희박한 반면 하도에서 제작과정 또는 파손품으로 추정되는 석기류가 확인되었다. 하도 출토유물 중 석검이 7점 확인되었는데 1점만 유경식이고 나머지는 이단병식석검이다. 주지하다시피 이단병식석검은 청동기시대 전기로 편년되는 유물로서 후기의 원형주거 취락과는 시기적으로 맞지 않는다. 따라서 하도와 인접해 있는 월성동

591유적의 장방형 취락 등 주변 지역의 전기 취락과 관련될 가능성이 높다. 월성동 591유적의 주거지에서는 대부분 지석과 미완성석기류가 출토되어 석기제작이 활발했던 취락임을 알 수 있다. 이러한 점으로 본다면 월성동 일대의 취락에서 생산된 석기가 상인동, 대천동 등 진천천유역 전기 취락에 부분적으로 유통되었을 가능성이 있다.

신천유역에서는 대봉동마을유적에서 석기제작과 관련된 유물이 다수 출토되었다. 대봉동마을유적의 중심 시기는 전기 중엽~후엽으로 편년되는데[246] 주거지에서 지석과 박편이 출토된 비율은 50% 정도이며, 수혈과 구상유구에서도 지석과 박편, 미완성석기류가 출토되었다. 대부분의 주거지에서 석기제작이 이루어졌으며 제작장으로 추정되는 수혈과 구상유구에서도 제작관련 유물이 출토된 점으로 볼 때 어느 정도 취락 내 소비량을 넘어서는 생산이 있었던 것으로 판단된다.

한편 상동유적(우방아파트부지)에서는 전기의 장방형주거지에서 석기제작 관련 유물이 확인되었고, 후기의 방형과 원형주거지에서는 거의 확인되지 않는다. 이러한 양상은 방형주거 취락유적인 상동유적(수성초등학교부지)에서도 동일하다. 신천유역의 전반적인 상황으로 볼 때 대봉동마을유적보다 시기적으로 늦은 후기의 유적에서는 석기제작과 관련된 유물이 빈약하다. 따라서 신천유역 후기의 취락에서는 석기제작이 이루어지지 않은 것으로 볼 수 있으며 다른 곳으로부터 석기를 입수했을 가능성이 높은 것으로 판단된다.

동화천유역의 서변동취락유적은 전기의 장방형계 주거지와 후기의 방형, 원형 주거군으로 구분되는데 분포상 취락의 중심 시기는 전기에 해당한다. 석기 제작 관련 유물은 전기의 장방형계 주거지와 하도에서 출토되었다. 특히 청동기시대 5호 하도에서 약 66점의 석기가 출토되어 하도를 중심으로 석기제작이 활발히 이루어졌음을 알 수 있으며 역시 개별 취락 내 소비량을 넘

---

246) 河眞鎬, 2008, 『大邱地域 靑銅器時代 聚落 硏究』, 慶北大學校大學院 碩士學位論文.

어서는 생산으로 볼 수 있다. 그러나 주거지와 하도의 전체적인 규모로 볼 때 인근 취락에 소규모로 공급하였을 가능성은 있으나 전문취락의 상정은 어렵다고 판단된다.

팔계천유역의 매천동유적은 전기 취락 중에서 가장 주목된다. 매천동유적에서는 전기주거 1동당 석기의 평균출토량이 3.7점으로 다른 전기의 취락과 대동소이하지만, 석기제작장으로 볼 수 있는 하도에서 출토된 다수의 미완성품과 파손품, 지석, 박편 등 석기제작 관련 유물에서는 다른 유역의 전기유적에 비해 뚜렷하게 차별된다. 이러한 규모는 취락 내 소비량을 넘어설 뿐만 아니라 팔계천유역을 넘어서는 교역의 가능성도 있다.

이상과 같이 대구지역 청동기시대 전기의 석기생산은 각 취락 별로 자가소비를 목적으로 제작이 이루어진 양상이다. 그러나 전기 후반에는 각 유역별로 하도, 구상유구 등을 석기제작장으로 활용하여 취락 내 소비량을 넘어서는 생산의 가능성도 볼 수 있다. 유통의 범위는 각 유역을 벗어나지 않는 소규모였을 것으로 보이나 매천동유적과 같이 유역을 넘어서는 정도의 생산이 이루어졌을 가능성을 보이는 유적도 확인된다.

다. 후기의 생산 체계

후기 취락은 방형계와 원형계 주거지를 중심으로 구성된다. 네 곳의 유역에서 모두 확인되지만 특히 팔계천유역 동천동 일대의 취락이 특징적이다. 팔계천유역을 제외한 다른 유역의 후기 취락에서는 석기제작과 관련된 유물과 주거당 석기보유량이 전기에 비해 극히 빈약하게 확인된다[표 Ⅴ-7]. 이러한 결과로 본다면 전기에 비해 후기의 석기생산이 둔화된 것으로 볼 수도 있을 것이다. 그러나 이러한 양상은 석기 생산 체계의 변화를 암시하는 것으로 전기에 비해 분업화와 체계적인 유통체계가 확립되었음을 시사하는 것으로 판단된다. 이러한 추론을 확인할 수 있는 유적이 팔계천유역의 동천동취락이다.

이 유적에서는 동시기 다른 취락에 비해 석기보유량도 상대적으로 높게 확인되어 전반적으로 석기제작이 활발히 이루어졌으며, 대규모의 석기제작장을 운영한 것으로 확인되었다. 또한, 동천동취락의 북쪽에 위치한 동호동 일대의 유적에서도 석기제작과 관련된 유물이 다량 확인되었는데 동천동취락과 동일한 성격일 것으로 판단된다. 이러한 정황으로 볼 때 대구지역의 청동기시대 후기에는 팔계천 일대의 취락에서 집중적으로 석기제작이 이루어졌고 이곳에서 각 취락으로 유통되었을 가능성이 높다고 판단된다. 이러한 이유로 타 유역의 후기 취락에서는 석기제작과 관련된 유물이 빈약하게 확인된 것으로 볼 수 있다.

이상과 같이 대구지역 팔계천유역 일대의 취락은 청동기시대 후기에 석기제작을 전문으로 하였던 석기생산 전문취락으로의 상정이 가능하다고 생각된다.[247]

그러면 석기생산 전문취락에서 생산한 주력품은 무엇이고 어떠한 경로를 통해서 유통되었을까. 이에 대해서는 구고와 전장에서 검토한 바와 같이 유절병식석검 단계부터 고령 일대의 혼펠스를 사용하여 제작되었음을 추정한 바 있는데[248], 석검제작지를 보다 구체화 한다면 팔계천 일대의 유적으로 보고 싶다. 석검 제작지를 특정하는 것은 필자가 검토한 바와 같이 혼펠스제 석검을 제작할 수 있는 고령 의봉산의 석재와 그 주변에서 확인된 다수의 제작 관련 유적 그리고 대구 팔계천유역의 석기제작 취락이 서로 밀접하게 관련되어 있다고 판단되기 때문이다. 혼펠스제 석검은 유절병식석검 단계부터 지역

---

247) 석기생산 전문취락의 생업 활동이 전적으로 석기생산을 통해 이루어진 전업의 개념은 아니다. 청동기시대에서 완전한 전업의 상정은 현재까지는 어려우며 반전업의 형태라고 볼 수 있다.

248) 황창한, 2011, 「청동기시대 혼펠스제 마제석검의 산지추정」『考古廣場』 9, 釜山考古學研究會.
황창한, 2013, 「대구지역 청동기시대 석기생산 시스템 연구」『嶺南考古學』 67, 嶺南考古學會.

권을 형성하며 등장하는데 이를 통해 형성된 상호작용망을 통해 주상편인석부, 편인석부 등 혼펠스제 석기도 광역의 범위에 걸쳐 유통되었을 것으로 판단된다[도 Ⅴ-9].

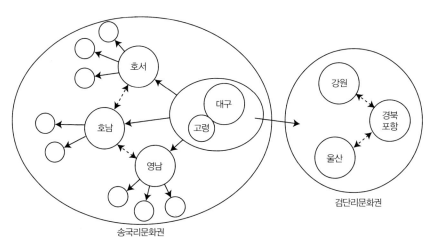

[도 Ⅴ-9] 혼펠스제 석기의 유통망 모식도

VI
맺음말

청동기시대의 다양한 석기연구 중에서 석기의 본질을 이루고 있는 암석에 관심을 두게 된 것이 본고의 시작이었다. 비록 연구의 시작은 석기의 암질동정과 같은 단순한 내용이었지만 부족하나마 석기의 생산에 대한 전반적인 내용을 살펴볼 수 있는 연구로 확대되었다. 지금까지의 내용을 간략히 정리하면 다음과 같다.

청동기시대 석기는 암석의 특성에 따라 적절한 석재를 선택하여 제작되었을 개연성이 높다. 따라서 석기의 본질을 이루고 있는 암석의 특성에 대한 이해가 필요하다. 암석은 성인에 따라 화성암, 퇴적암, 변성암으로 구분되며 각각 경도, 층리, 편리 등 물리적 특성이 다르다. 이러한 특성은 석기의 기종 또는 제작 효율성에 반영된 것으로 확인되었다. 예를 들면 석촉과 같이 소모품이거나 실생활에서 농경구로 사용되는 반월형석도는 판상으로 가공하기 쉬운 석재를, 벌목구 또는 가공구에 해당하는 석부류는 화성암, 변성암 등 견고한 석재를 주로 선택하였다.

석재의 채취는 대부분 유적주변에서 이루어지나 원거리에서 산출되는 암석으로 제작된 유물도 확인되었다. 울산지역의 변성암류 합인석부, 강화도의 활석제 방추차와 석도가 대표적이다. 이러한 석재로 제작된 석기는 기능적 측면 외에 족외혼 등 상징적인 의미를 내포하고 있을 가능성이 있다.

다음은 청동기시대 석기의 제작과 제작기법에 대해 검토하였다. 석기의 제작기법은 구석기시대 이래 다양한 방법이 알려져 있지만, 신석기시대에 접어들면서 본격적으로 시작된 마연기법의 등장으로 인해 청동기시대의 타격기법에 대한 연구는 부족한 실정이었다. 유물 중 제작공정을 추정할 수 있는 마제석검과 석촉 미완성품 등을 대상으로 하였고, 실험을 통해 제작기법의 복원을 시도하였다.

실험결과 청동기시대의 제작기법을 복원하던 중 양극기법과 수직타격기법이 매우 효율적인 타격기법임을 확인하였다. 특히 양극기법은 수확구에 해당하는 석도, 석겸은 물론 석촉, 석검, 원판형석기 등 두께가 얇은 제품에 두루 적용되었다. 이러한 효율적인 제작기법은 농경사회의 성숙이라는 사회적인 변화의 추이에 따라 생산성을 높이는 결과로 이어졌을 것으로 보았다.

석촉은 기존의 형식분류에 대한 문제점을 지적하고 화살대와 착장된 형태를 기준으로 재분류를 시도하였다. 석촉의 제작기법은 계통에 따라 다른 방법이 확인되었는데 첫째는 찰절기법으로 석재를 재단하는 방법이고, 둘째는 타격기법으로 선형석기를 제작하여 완성하는 방법이다. 석촉 제작 방법의 변화는 작업공정의 분업을 나타내며 이러한 분업화는 생산성의 향상과 결부된 것으로 보았다.

한편, 마제석검은 청동기시대의 모든 유물을 통틀어 가장 중요한 의미를 내포하고 있는 유물로서 그 출현에서부터 사회적으로 다양한 변화가 있음을 암시하고 있다. 석검은 전기의 생활 의례품에서 후기에는 매장 의례품으로 의미 변화가 있는 것으로 파악하였다. 이러한 의미 변화에 따라 후기의 유절병식석검 단계부터 혼펠스제 석검이 특정 생산지에서 제작되어 유통되었을 것으로 보았다. 그 생산지는 석검을 생산할 수 있는 혼펠스 산지가 고령 의봉산 일원이 유일하다는 점을 들어 이곳과 대구지역의 석기생산 전문취락일 가능성을 제시하였다.

마지막으로 석기 제작 체계에 대해 대구지역의 사례연구를 통해 살펴보았다. 대구지역 청동기시대 취락의 석기생산은 전기와 후기에 차이가 있다. 전기에는 각 취락 내에서 자가소비를 목적으로 제작하는 것이 일반적이지만 전기 후반이 되면 부분적으로 취락 내 소비량을 넘어서는 것으로 판단되는 유적이 일부 확인된다. 반면 후기 취락의 석기제작 양상은 전반적으로 전기에 비해 소규모로 축소된다. 이러한 양상은 팔계천 일원의 동천동취락에서 지금까지 확인된 바 없는 대규모 석기제작장을 공동으로 운영한 취락이 확인되면서 설명할 수 있게 되었다. 대구지역 청동기시대 후기에는 동천동취락을 중심으로 석기제작전문취락이 형성되었고 이곳에서 제작된 석기가 각 취락과 지역을 넘어서 유통되었을 것으로 보았다.

참고문헌

1. 논문

강병학, 2013, 「서울·경기지역의 조기-전기문화 편년」『한국 청동기시대 편년』, 서경문
　　화사.

高旻廷·Martin T. Bale, 2008, 「청동기시대 후기 수공업 생산과 사회 분화」『韓國靑銅
　　器學報』2, 韓國靑銅器學會.

공민규, 2013, 『靑銅器時代 前期 錦江流域 聚落 硏究』, 숭실대학교대학원 박사학위논문.

金載元·尹武炳, 1967, 『韓國支石墓硏究』, 國立博物館.

金賢植 外, 2003, 『蔚山 新峴洞 黃土田 遺蹟』, 蔚山文化財硏究院.

金賢植, 2003, 「Ⅳ.考察 -黃土田遺蹟 無文土器時代 聚落에 대하여」『蔚山新峴洞黃土田
　　遺蹟』.

김구군, 1996, 「韓國式石劍의 硏究(1)」『湖巖美術館硏究論文集』1, 湖巖美術館.

김선우, 1994, 「한국 마제석검의 연구 현황」『韓國上古史學報』16, 韓國上古史學會.

김양선, 1962, 「再考를 要하는 磨製石劍의 型式分類와 祖型考定의 問題」『古文化』1, 韓
　　國大學博物館協會.

김영하, 1979, 「마제석검의 조형에 관하여」『한국사연구』24, 한국사연구회.

김원룡, 1971, 「한국마제석검의기원」『백산학보』10, 백산학회.

金載元·尹武炳, 1967, 『韓國支石墓硏究』, 國立中央博物館 古蹟調査報告書 第6冊.

김정인·오운석, 2013, 『江華 新鳳里·長井里 遺蹟』, 中原文化財硏究院.

김창호, 1981, 「유병식석검 형식분류시론」 『역사교육논집』, 역사교육학회.

김현식, 2013, 「동남해안지역 청동기시대 편년」 『한국 청동기시대 편년』, 서경문화사.

김현식, 2015, 「송국리유형의 출현배경」 『東亞文化』 18, 東亞細亞文化財研究院.

김현준, 2017, 『한강유역 청동기시대 취락 연구』, 한양대학교대학원 박사학위논문.

羅建柱, 2013, 『青銅器時代 前期 聚落의 成長과 松菊里類型 成立過程에 대한 研究 -韓半島 中部地方 資料를 中心으로-』, 忠南大學校大學院 博士學位論文.

董眞淑, 2003, 『嶺南地方 青銅器文化의 變遷』, 慶北大學校大學院 碩士學位論文.

李基星 · 朴柄旭, 2013, 「무문토기시대 마제석촉 형식 변화 요인에 대한 검토」 『湖西考古學』 28, 湖西考古學會.

朴宣映, 2004, 『南韓 出土 有柄式石劍 研究』, 慶北大學校大學院 碩士學位論文.

박영구, 2015, 『동해안지역 청동기시대 취락 연구』, 嶺南大學校大學院 博士學位論文.

朴埈範, 1998, 『한강유역 출토 돌화살촉에 대한 연구』, 弘益大學校教育大學院 碩士學位論文.

裵眞晟, 2005, 「檢丹里類型의 成立」 『韓國上古史學報』 48, 韓國上古史學會.

裵眞晟, 2006, 「석검 출현의 이데올로기」 『石軒 鄭澄元教授 停年退任記念論叢』, 釜山考古學研究會 論叢刊行委員會.

裵眞晟, 2007, 「東北型石刀에 대한 小考 -東海文化圈의 設定을 겸하여-」 『嶺南考古學』 40, 嶺南考古學會.

배진성, 2007, 『무문토기문화의 성립과 계층사회』, 釜山大學校大學院 博士學位論文.

裵眞晟, 2012, 「可樂洞式土器의 初現과 系統」 『考古廣場』 11, 釜山考古學研究會.

성춘택, 2009, 「수렵채집민의 이동성과 한반도 남부의 플라이스토세 말~홀로세 초 문화 변동의 이해」 『한국고고학보』 72, 한국고고학회.

孫晙鎬, 2003, 「半月形石刀의 製作 및 使用方法 研究」 『湖西考古學』 8, 湖西考古學會.

손준호, 2006, 「호서지역 마제석검의 변화상」 『호서고고학』 20, 호서고고학회.

손준호, 2007, 「마제석촉의 변천과 형식별 기능 검토」 『한국고고학보』 62, 한국고고학회.

손준호, 2010, 「청동기시대 석기생산 체계에 대한 초보적 검토」 『湖南考古學報』 36, 湖南考古學會.

손준호, 2013, 「청동기시대 석기 연구의 최신 동향」 『숭실사하』 31, 崇實史學會.

宋華燮, 1994, 「先史時代 岩刻畵에 나타난 石劍 · 石鏃의 樣式과 象徵」 『韓國考古學報』 31, 韓國考古學會.

신종환, 2008, 「선사시대의 고령」 『고령문화사대계1』, 고령군 대가야박물관 · 경북대학교 퇴계연구소편.

沈奉謹, 1989, 「日本 彌生文化 初期의 磨製石劍에 대한 硏究 -韓國 磨製石劍과 關聯하여-」 『嶺南考古學』 6, 嶺南考古學會.

安敏子, 2001, 『前期無文土器時代 石器의 特性檢討』, 公州大學校大學院 碩士學位論文.

安承模, 2000, 「稻作의 出現과 擴散」 『韓國 古代의 稻作文化』, 국립중앙박물관 학술심포지움 발표요지.

安在晧, 1990, 『南韓 前期無文土器의 編年 -嶺南地方의 資料를 中心으로-』, 慶北大學校 大學院 碩士學位論文.

安在晧, 1992, 「松菊里類型의 檢討」 『嶺南考古學』 第11號, 嶺南考古學會.

安在晧, 2006, 『靑銅器時代 聚落硏究』, 釜山大學校大學院 博士學位論文.

오운석, 2013, 『江華 新鳳里 · 長井里 遺蹟』, VI고찰, 中原文化財硏究院.

윤덕향, 1977, 『한반도 마제석검의 일고찰』, 서울대학교대학원 석사학위논문.

尹容鎭, 1969, 「琴湖江流域의 先史遺蹟硏究(I)」 『古文化』 5 · 6, 韓國大學博物館協會.

이기성, 2006, 「석기 석재의 선택적 사용과 유통」 『호서고고학』 15, 호서고고학회.

李白圭, 1991, 「慶北大 박물관소장 마제석검 · 석촉」 『嶺南考古學』 9, 嶺南考古學會.

李錫凡, 2005, 『영남지역 주거지 출토 마제석촉의 편년』, 慶州大學校大學院 碩士學位論文.

李秀鴻, 2005, 『檢丹里式土器에 대한 一考察』, 釜山大學校大學院 碩士學位論文.

李秀鴻, 2012, 『靑銅器時代 檢丹里類型의 考古學的 硏究』, 釜山大學校大學院 博士學位論文.

李秀鴻, 2015, 「韓半島南部地域靑銅器~三韓時代における環濠遺蹟の變化と性格」 『國立歷史民俗博物館硏究報告』 195, 國立歷史民俗博物館.

李榮文, 1997, 「全南地方 出土 磨製石劍에 관한 硏究」 『韓國上古史學報』 24, 韓國上古史學會.

李榮文 · 金京七 · 曺根佑, 1996, 「新安 伏龍里 出土 石器類」 『碩晤尹容鎭敎授停年退任紀念論叢』.

李榮文 · 鄭基鎭, 1992, 『麗水 五林洞 支石墓』, 全南大學校 博物館.

이인학, 2010, 『청동기시대 취락 내 석기 제작 양상 검토』, 고려대학교대학원 석사학위논문.

이재운, 2011, 『남한지역 청동기시대 주거지 출토 석검 연구』, 목포대학교대학원 석사학위논문.

이종철, 2016, 「병부과장식석검과 그 제작 집단에 대한 시론」 『한국상고사학보』 92, 한국상고사학회.

이찬희 외, 2003, 「천안 운전리 청동기 유적지에서 출토된 석기의 정량분석과 고고지질학적 해석」 『보존과학회지』 12, 한국문화재보존과학회.

李亨源, 2007, 「盤松里 靑銅器時代 聚落의 構造와 性格」 『華城 盤松里 靑銅器時代 聚落』, 한신대학교박물관.

李亨源, 2009, 『韓國 靑銅器時代의 聚落構造와 社會組織』, 忠南大學校大學院 博士學位論文.

李熙濬, 1986, 「相對年代決定法의 綜合 考察」 『嶺南考古學』 2, 嶺南考古學會.

임세권, 1977, 「우리나라 마제석촉의 연구」 『韓國史硏究』 17, 韓國史硏究會.

장용준, 2002, 「韓半島 細石核의 編年」 『韓國考古學報』 48, 韓國考古學會.

장용준, 2003, 「석기제작을 위한 역학원리와 박리방법의 연구 –구석기시대를 중심으로-」 『기술의 발견』, 복천박물관.

장용준, 2007, 「先史時代 石器의 分別과 製作技法」 『考古廣場』 1, 釜山考古學硏究會.

張龍俊·平郡達哉, 2009, 「有節柄式 石劍으로 본 無文土器時代 埋葬儀禮의 共有」 『한국고고학보』 72, 한국고고학회.

庄田愼矢, 2007, 『南韓 靑銅器時代의 生産活動과 社會』, 忠南大學校大學院 博士學位論文.

전영래, 1982, 「한국 마제석검·석촉 편년에 관한연구」 『馬韓百濟文化』 4, 圓光大學校 馬韓·百濟文化硏究所.

趙大衍·朴書賢, 2013, 「청동기시대 석기생산에 대한 일 고찰」 『湖西考古學』 28, 호서고고학회.

中村大介, 2005, 「無文土器時代前期における石鏃の變遷」 『待兼山考古學論集』, 都出比呂志先生退任記念, 大阪大學考古學硏究室.

최기룡, 2002, 「제1절 자연환경 개관」 『울산광역시사1, 역사편』, 울산광역시사편찬위원회.

崔盛洛, 1982, 「韓國磨製石鏃의 考察」 『韓國考古學報』 12, 韓國考古學會.

平郡達哉, 2012, 『무덤資料로 본 南韓地域 靑銅器時代 社會 硏究』, 釜山大學校大學院 博士學位論文.

河眞鎬, 2008, 『大邱地域 靑銅器時代 聚落 硏究』, 慶北大學校大學院 碩士學位論文.

韓永熙, 1979,『松菊里Ⅰ』, 國立中央博物館.

허의행, 2013,『호서지역 청동기시대 전기 취락 연구』, 高麗大學校大學院 博士學位論文.

洪周希, 2009,「북한강유역 청동기시대 취락의 전개와 석기제작시스템의 확립」『韓國靑銅器學報』5, 韓國靑銅器學會.

황기덕, 1958,「조선에서 나타난 활촉의 기본형태와 그 분포」『문화유산』58-6.

黃昌漢, 2004,「無文土器時代 磨製石鏃의 製作技法 研究」『湖南考古學報』20, 湖南考古學會.

황창한, 2007,「岩石의 分析方法과 考古學的 適用」『東亞文化』2·3, 東亞細亞文化財研究院.

黃昌漢, 2008,「靑銅器時代 裝飾石劍의 檢討」『科技考古研究』14, 아주대학교박물관.

黃昌漢, 2009,「靑銅器時代 石器 製作의 兩極技法 研究」『韓國上古史學報』63, 韓國上古史學會.

黃昌漢, 2010,「蔚山地域 靑銅器時代 墓制의 特徵」『靑銅器時代의 蔚山太和江文化』, 蔚山文化財研究院 開院 10周年 紀念論文集.

황창한, 2011,「청동기시대 혼펠스제 마제석검의 산지추정」『考古廣場』9, 釜山考古學研究會.

황창한, 2012,「청동기시대 마제석촉의 지역성 연구」『야외고고학』13, 한국문화재조사연구기관협회.

황창한, 2012,『변성암류로 구성된 울산지역 청동기시대 석기의 산지연구』, 부산대학교대학원 석사학위논문.

황창한, 2013,「대구지역 청동기시대 석기생산 시스템 연구」『嶺南考古學』67, 嶺南考古學會.

黃昌漢·金賢植, 2006,「船形石器에 대한 考察」『石軒鄭澄元敎授停年退任記念論叢』, 釜山考古學研究會 論叢刊行委員會.

黃炫眞, 2004,『嶺南地域 無文土器의 地域性研究』, 釜山大學校大學院 碩士學位論文.

久保田正壽, 2004,「實驗からみた拷打技法 -打製石斧의 製作技法의 復元にむけて-」『石器づくりの實驗考古學』, 學生社.

近藤喬一, 2000,「東アジアの銅劍文化と 向津具の銅劍」『山口縣史』資料編 考古 1.

能登原孝道·中野伸彦·小山內康人, 2007,「いわゆる「頁岩質砂岩」의 原産地について」『九州考古學』第82号, 九州考古學會.

大工原豊, 2004,「打製石斧の製作技術について -製作實驗を通して-」『石器づくりの實驗考古學』, 學生社.

柴田徹, 1982,「石材鑑定と産地推定」『多摩ニュータウン遺跡 韶和 56年度(第5分册)』, 東京都埋藏文化財センター調査報告 第2集.

有光敎一, 1959,『朝鮮磨製石劍の研究』, 京都大學文學部考古學叢書第二册.

佐原 眞, 1994,『斧の文化史』, 東京大學出版會.

Archaeology(R.J.Sharer and W.Ashmore, Mayfield, 1993), In the Beginning(B. Fagan, HarperCollins, 1991).

Faulkner, A., 1972, Mechanical Principles of Flint working, Ph.D.dissertation, Dept. of Anthropology, Washington State University.

Speth, J.D., 1972, "Mechanical basis of percussion flaking", American Antiquity, vol 37.

2. 도록 · 단행본

국립대구박물관, 2005,『사람과 돌』.

국립지질광물 연구소, 1973,『울산지역의 지질도』.

金玉準 외, 1963,「울진도폭」『한국지질도』, 국립지질조사소.

김옥준, 1991,『한국지질과 광물자원』, 춘광출판사.

김용준, 2000,『화성암석학』, 전남대학교출판부.

나기창, 1999,「제2장 층서 제1절 선캠브리아 이언층」『한국의지질』, 대한지질학회.

裵眞晟, 2007,『無文土器文化의 成立과 階層社會』, 서경문화사.

孫晙鎬, 2006,『青銅器時代 磨製石器 研究』, 서경.

안건상 · 오창환 역, 2000,『변성암석학』, 시그마프레스.

애덤 스미스, 1992,『국부론』, 두산동아.

양승영, 1998,『지질학사전』, 과학연구사.

尹碩奎 · 申炳雨, 1963,「평해도폭」『한국지질도』, 국립지질조사소.

尹碩奎 · 申炳雨, 1963,『지질 도폭 설명서 울진(蔚珍)』, 국립지질조사소.

윤선 · 장두곤, 1994,『부산의 지사(地史)와 경관』, 부산라이프신문사.

李容鎰, 1994,『堆積巖石學』, 도서출판祐成.

이창진 외, 2000,『편광현미경으로본 암석의 세계』, 교육과학사.

장용준, 2015,『구석기시대의 석기생산』, 진인진.

鄭昌熙, 1994,『地質學槪論』, 博英社.

中國古代兵器圖集, 1990,『本圖版轉引自』, 解放軍出版社.

추연식, 1997,『고고학 이론과 방법론』, 학연문화사.

편집동인 노동과 사랑, 1984,『정치경제학 사전』, 이론과 실천.

한국청동기학회 편, 2013,「한국 청동기시대 편년」『한국청동기학회 학술총서』 2, 서경
    문화사.

3. 보고서

강원문화재연구소, 2007,『강릉 입암동 유적』.

江原文化財研究所, 2007,『龍岩里』.

江原文化財研究所, 2008,『泉田里』.

경남고고학연구소, 2002,『진주 대평 옥방 1·9지구 무문시대 취락』.

경남발전연구원 역사문화센터, 2007,『밀양 희곡리유적』.

慶北大學校博物館 外, 2000,『辰泉洞·月城洞 先史遺蹟』.

慶北大學校博物館, 1991,『大邱 月城洞 先史遺蹟』.

경상북도문화재연구원, 2009,『大邱 月城洞 498遺蹟』.

慶尙北道文化財研究院, 2002,『上洞遺蹟發掘調査報告書 -우방아파트건립부지-』.

慶尙北道文化財研究院, 2004,『上洞遺蹟發掘調査報告書 -수성초등학교부지-』.

경상북도문화재연구원, 2006,『大邱 大鳳洞 마을遺蹟』.

경상북도문화재연구원, 2006,『대구 대봉동마을유적』.

경상북도문화재연구원, 2008,『高靈 大興里遺蹟』.

고려대학교 매장문화재연구소, 2004,『주교리 유적』.

공주대학교박물, 1998,『백석동 유적』.

公州大學校博物館, 1998,『白石洞遺蹟』.

國立慶州博物館, 1985,『月城郡. 迎日郡地表調査報告書』『國立博物館古蹟調査報告書』
    제17책.

國立扶餘博物館, 1987, 『保寧 校成里 집자리』.

국립부여박물관, 2000, 『송국리Ⅳ』.

국립중앙박물관, 1979, 『송국리Ⅰ』.

국립중앙박물관, 1987, 『송국리Ⅲ』.

국립중앙박물관, 1990, 『휴암리』.

대경문화재연구원, 2009, 『高靈 快賓里遺蹟』.

大東文化財研究院, 2008, 『大邱 上仁洞 98-1遺蹟』.

大東文化財研究院, 2008, 『大邱 月城洞 1363遺蹟』.

大東文化財研究院, 2011, 『大邱 上仁洞 119-20遺蹟』.

大東文化財研究院, 2012, 『高靈 鳳坪里 575-1遺蹟Ⅰ』.

동국대학교 경주캠퍼스 박물관, 2002, 『대구 송현동 선사유적』.

東國大學校 慶州캠퍼스 博物館, 2002, 『大邱 松峴洞 先史遺蹟』.

동아세아문화재연구원, 2008, 『거제 덕포 · 간곡유적』.

文化財研究所, 1994, 『晋陽 大坪里 遺蹟』.

부산대학교박물관, 1995, 『울산검단리마을유적』.

삼한문화재연구원, 2010, 『大邱 上仁洞 128-8番地遺蹟』.

聖林文化財研究院, 2009, 『大邱 月城洞 591番地遺蹟』.

嶺南大學校博物館, 2006, 『大邱 月城洞 1275遺蹟』.

嶺南大學校博物館, 2007, 『大邱 月城洞 585遺蹟』.

嶺南文化財研究院, 2000, 『浦項草谷里遺蹟』.

嶺南文化財研究院, 2002, 『大邱 東川洞遺蹟』.

嶺南文化財研究院, 2002, 『大邱 西邊洞 聚落遺蹟Ⅰ』.

嶺南文化財研究院, 2003, 『大邱 東湖洞遺蹟』.

嶺南文化財研究院, 2005, 『慶州 松仙里遺蹟』.

嶺南文化財研究院, 2005, 『大邱 東湖洞 477番地遺蹟』.

嶺南文化財研究院, 2006, 『大邱 上仁洞 171-1番地遺蹟』.

嶺南文化財研究院, 2007, 『大邱 東湖洞 451-1遺蹟』.

嶺南文化財研究院, 2007, 『大邱 上仁洞 123-1番地遺蹟』.

嶺南文化財研究院, 2007, 『大邱 上仁洞 152-1番地遺蹟』.

嶺南文化財研究院, 2007, 『大邱 月城洞 1261番地遺蹟』.

嶺南文化財硏究院, 2008,『大邱 大泉洞 497-2番地遺蹟』.

嶺南文化財硏究院, 2008,『大邱 上仁洞 87番地遺蹟』.

嶺南文化財硏究院, 2009,『大邱 大泉洞 511-2番地遺蹟Ⅰ』.

嶺南文化財硏究院, 2009,『大邱 大泉洞 511-2番地遺蹟Ⅱ』.

嶺南文化財硏究院, 2010,『大邱 梅川洞遺蹟』.

嶺南文化財硏究院, 2012,『大邱 東湖洞 181番地遺蹟』.

蔚山文化財硏究院, 2008,『蔚山 渭陽里 遺蹟』.

蔚山文化財硏究院, 2010,『蔚山盤淵里가막못遺蹟』.

蔚山文化財硏究院, 2013,『蔚山校洞里遺蹟Ⅰ』.

울산발전연구원 문화재센터, 2002,『울주 구수리유적』.

蔚山文化財硏究院, 2003,『蔚山 新亭洞 遺蹟』.

중앙문화재연구원, 2005,『대전 복룡동유적』.

중원문화재연구원, 2008,『오창 학소리 · 장대리 유적』.

중원문화재연구원, 2008,『청주 비하동 유적』.

忠淸文化財硏究院, 2003,『牙山 鳴岩里 遺蹟(11 · 3地點)』.

충청문화재연구원, 2009,『천안 백석동 고재미골 유적』.

충청문화재연구원, 2011,『아산 명암리유적(12지점)』.

한국문화재보호재단, 2003,『포항 원동 제3지구』.

한국문화재보호재단, 2005,『경산 옥곡동 유적』.

호남문화재연구원 · 익산지방국토리청, 2008,『임실 망월촌유적』.

찾아보기

• 황창한 黃昌漢

　동국대학교 경주캠퍼스 고고미술사학과를 졸업하고 부산대학교 지질학과 석사, 부
산대학교 고고학과 박사학위를 받았다. 현재 울산문화재연구원에 재직중이며 울산광
역시 문화재돌봄사업단장, 울산광역시 문화재전문위원으로 활동하고 있다.
　경주에서 고고학을 시작하여 김천 송죽리 유적, 경주 황성동 신석기시대 유적, 울산
황성동 세죽 유적, 경주 황성동 고분군, 경주 동천동 통일신라시대 유적, 사천 늑도유
적, 진주 대평리 유적, 울산 약사동 유적 등 다수의 발굴조사에 참여하고 보고서를 작
성하였다.
　주요논문으로는 「변성암류로 구성된 울산지역 청동기시대 석기의 산지연구」, 「청동
기시대 마제석촉의 지역성 연구」, 「무문토기시대 마제석촉의 제작기법 연구」, 「대구지
역 청동기시대 석기생산 시스템 연구」, 「청동기시대 석기제작의 양극기법 연구」, 「청동
기시대 혼펠스제 마제석검의 산지추정」, 「경주 분황사 모전석탑 석재의 산지 연구」 등
다수가 있다.

청동기시대 석기 생산 체계 | 靑銅器時代 石器 生産 體系

초판인쇄일　2020년 2월 25일
초판발행일　2020년 2월 27일
지 은 이　황창한
발 행 인　김선경
책 임 편 집　김소라
발 행 처　서경문화사
주　　소　서울시 종로구 이화장길 70-14(204호)
전　　화　743-8203, 8205 / 팩스 : 743-8210
메　　일　sk8203@chol.com
신 고 번 호　제1994-000041호
ISBN　978-89-6062-220-3　93910
ⓒ 황창한 · 서경문화사, 2020

* 파본은 구입처에서 교환하여 드립니다.

정가 19,000